成人版

山东省戒毒协会 编著

U0643459

DUPIN

YUFANG JIAOYU
DUBEN

毒品

预防教育读本

山东城市出版传媒集团·济南出版社

图书在版编目(CIP)数据

毒品预防教育读本:成人版/山东省戒毒协会
编著. —济南:济南出版社,2018.1(2020.1 重印)
ISBN 978 – 7 – 5488 – 3017 – 7

Ⅰ.①毒…　Ⅱ.①山…　Ⅲ.①禁毒—中国—通俗读物
Ⅳ.①D669.8 – 49

中国版本图书馆 CIP 数据核字(2018)第 019429 号

出 版 人　崔　刚
图书策划　史　晓
责任编辑　史　晓
装帧设计　侯文英　张 倩

出版发行　济南出版社
地　　址　济南市二环南路 1 号(250002)
发行电话　0531 – 86131729　86922073
印　　刷　济南新科印务有限公司
版　　次　2018 年 2 月第 1 版
印　　次　2020 年 1 月第 4 次印刷
成品尺寸　185mm×260mm　16 开
印　　张　5.5
字　　数　73 千
印　　数　15001 – 18000 册
定　　价　21.80 元

(济南版图书,如有印装错误,请与出版社联系调换,电话:0531 – 86131736)

编 委 会

策 划 单 位

山东省司法厅

山东省戒毒管理局

中国共产主义青年团山东省委员会

山东省综治委预防青少年违法犯罪专项组

山东省未成年人保护委员会办公室

山东省法杰法律援助与研究中心

山东省律师协会未成年人保护专业委员会

前 言

毒品问题是全球性的一个社会顽疾,毒品严重危害着人类健康和社会安宁。受国际毒潮持续泛滥和国内多种因素的影响,我国毒品问题进入加速蔓延期,毒品犯罪日益猖獗,禁毒斗争形势严峻复杂。厉行禁毒是我国政府的一贯立场和主张,深入开展毒品预防教育是禁毒工作的重中之重。《中华人民共和国禁毒法》第4条第1款明确规定"禁毒工作实行预防为主,综合治理,禁种、禁制、禁贩、禁吸并举的方针"。其中,突出的就是毒品预防教育。2014年中共中央、国务院印发的《关于加强禁毒工作的意见》明确指出,治理毒品问题首要的就是深入开展毒品预防教育,倡导健康生活方式,在全社会营造珍爱生命、远离毒品的禁毒氛围。

为加大毒品预防宣传教育力度,根据中共中央办公厅、国务院办公厅《关于实行国家机关"谁执法谁普法"普法责任制的意见》和中宣部等十四部门《关于印发〈全国青少年毒品预防教育规划(2016-2018)〉的通知》要求,山东省戒毒协会主导编写了这本《毒品预防教育读本(成人版)》,其他有关部门给予了大力支持。编写过程中,省戒毒协会多次召开调度会,提出明确的写作要求,确定了写作大纲,提供了编写样本,并对稿件进行修改、修订和补充,济南出版社进行了最后审订。

本书编写人员是直接从事戒毒工作的基层领导和业务骨干,他们在长期的戒毒工作中，积累了丰富的理论知识和实践经验。本书既通俗易懂、可读性强，又体现出专业知识的指导性与可操作性；既可作为对大中专院校学生及社会青年进行毒品预防教育的读本，也可满足社会各界尤其是禁毒戒毒宣传教育工作者和社会工作者获得相关知识的需求。

　　本书以典型案例为脚本，围绕毒品预防教育的基础性内容进行了编排。其中，第一单元主要介绍了毒品基本知识和识毒、拒毒、防毒的技巧。第二单元主要介绍了院校毒品预防教育的思路和方案。第三单元主要介绍了家庭毒品预防的概念、目的、意义和方法。第四单元主要介绍了社区毒品预防的重要意义、主要职责和组织方式。第五单元主要介绍了毒品预防教育社会工作的主要职责、服务理念和服务方式。第六单元主要介绍了毒品预防教育的其他方案。第七单元主要介绍了毒品与艾滋病的关系及降低艾滋病危害的手段。第八单元主要介绍了参与性毒品预防教育方案。

　　本书编写过程中参考了众多报刊、书籍和有关网站的资料，在这里向有关专家、学者表示衷心的感谢。因水平所限，书中的一些观点和认识肯定存在瑕疵，敬请各位读者提出宝贵意见，以期进一步修改、完善。

编　者

2017 年 10 月

目　录

第一单元
毒品预防教育导论

第一章 理论知识

据统计，2016 年山东全省法院共审结毒品犯罪案件 3552 件，判处毒品犯罪分子 4994 人，其中，判处 5 年以上有期徒刑、无期徒刑至死刑的 982 人，重刑率为 19.66%。2017 年 1 月至 5 月，共审结毒品犯罪案件 1090 件。

通过上面数据我们不难看出，为什么有这么多人不惜以身试法走向毒品犯罪的深渊？答案只有一个，那就是为了赚取高额的利润。而利润的背后往往充斥着暴力和血腥，掠夺着无数人的健康和幸福。

案例：

山东一 40 岁男子张某沾染毒品后，五六年时间以做生意失败为由骗光家里所有积蓄。为了筹集毒资，更是瞒着妻子将家中的房子卖掉。妻子得知后在劝说无果的情况下与其离婚，独自抚养年幼的女儿。然而这一切并没有换来张某的一丝悔意，在毒品所谓"欣快感"的引诱下，张某贪婪地将手伸到父母养老的房子上，三番五次要父母卖掉房子换取毒资，并采取持刀威逼的极端方式。最终，张某父母选择报警，将自己的亲生儿子绳之以法。事情以张某被强制隔离戒毒、妻离子散、亲生父母"大义灭亲"而结束。通过上述案例我们不难看出，贩毒分子通过毒品操纵吸毒人员，一方面赚取高额"血利"，一方面毁灭着一个又一个家庭。

通过上述案例我们看到，吸毒人员为筹集毒资将手伸向整个家庭赖以生存的积蓄、房产等，最终导致整个家庭支离破碎，每个成员都承担着无尽的伤痛甚至是灾难。然而这些对于毒品的危害性来讲也只是冰山一角，为了筹集毒资不惜卖儿卖女者有之；为了筹集毒资不惜以身试法去偷、盗、抢，以贩养吸者有之；因吸食、注射毒品感染恶性传染病者有之；因吸毒自伤自残、伤害他人者有之。或许你会问，吸毒有这样那样的危害，为什么还会有这么多人趋之若鹜，心甘情愿地付出钱财和家庭的幸福为毒品买单呢？下面我们就一步一步地来揭开毒品的"神秘面纱"，向大家展示毒品的丑恶嘴脸。

第一节　认识毒品

首先，我们先来看一下《中华人民共和国禁毒法》对毒品所下的定义：毒品，是指鸦片、海洛因、甲基苯丙胺（冰毒）、吗啡、大麻、可卡因，以及国家规定管制的其他能够使人形成瘾癖的麻醉药品和精神药品。

常见毒品：

上述两种毒品为常见毒品，分别是甲基苯丙胺（冰毒）、海洛因，在国内外广泛蔓延，危害较大，分别是新型合成毒品和传统毒品的代表。其中，传统毒品是指流行较早的毒品，如海洛因、鸦片、大麻等；新型合成毒品相对于传统毒品而言，是指 20 世纪末 21 世纪初开始流行的兴奋剂、致幻剂类毒品，如冰毒、摇头丸等。

一、海洛因

海洛因，俗称几号、白粉、白面，来自阿片。阿片旧称或俗称为"鸦片"，即民间所说的"大烟""烟土"，源自罂粟类植物，是当今世界滥用最为广泛的毒品。由于海洛因作用机制远不明确，迄今并无任何有效的戒除方式，其复吸比例极高，一旦沾染，几无可能戒除。另外，海洛因具有使吸食者迅速成瘾的特点。调查显示，一半左右的吸食者在一个月内即可成瘾，半年内超过 95% 的人会成瘾。

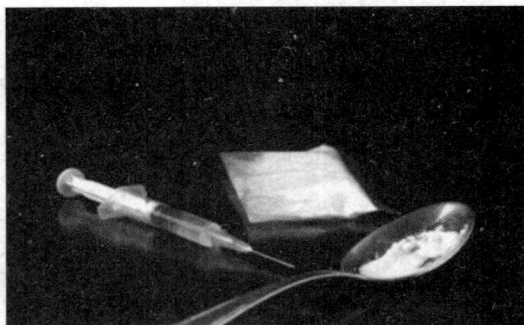

成瘾后，吸食者会反复连续用毒，使机体处于适应状态。一旦中断，即产生一系列强烈的戒断症状，如打哈欠、流泪、淌鼻涕、出汗、心慌、烦躁不安、打寒战、呕吐、腹痛、腹泻、骨和肌肉酸痛、性欲下降等。大约在 36 小时之后，反应加剧，全身感到极度的寒冷，颤抖不止，双脚不由自主地乱蹬，在地上翻滚，大小便失禁，时而在身上乱抓，时而用头撞墙，并可持续数天。此后，身体便陷入极度虚弱之中。

二、冰毒

冰毒，又名甲基苯丙胺，是一种无味或微有苦味的透明结晶体，纯品很像冰糖，形似冰，故俗称冰毒。吸毒、贩毒者也称之为"冰"。冰毒吸食者将吸食冰毒称为"溜冰"。冰毒起初由麻黄碱提取而成，现多采用化学合成方式提取，常见的是通过溴素化合物合成冰毒。

作为正式毒品的冰毒出现于 20 世纪 70 年代，90 年代进入中国，被认为是新型合成毒品的代表，现今对其成瘾机制等的认知相对缺乏，治疗手段也极为有限。但其危害程度并不亚于传统毒品，是目前我国危害最大的合成毒品。具体表现为：不吃不睡、活动过度、情感冲动、不讲道理、偏执狂、妄想、出现幻觉和暴力倾向。冰毒使用过量会产生急性中毒，通常表现为不安、头昏、震颤、腱反射亢进、话多、易激惹、烦躁、偏执性幻觉或惊恐状态，有的会产生自杀或杀人倾向。

相关链接：

1919 年，日本科学家首次合成了甲基苯丙胺，也就是冰毒，并在"二战"期间作为抗疲劳剂在士兵中广为使用。战后，日本大量抛售库存冰毒，造成了世界上第一次冰毒大流行。日本吸食冰毒者一度达 55 万人，其中存在精神障碍的吸毒者20 多万人，患严重中毒性精神病的 5 万多人，也就是 10 个吸食者中大约有 1 个是严重精神病患者。"苯丙胺类精神病"就是在当时被发现的。临床研究表明，这种精神病症状会长期存在，82% 的苯丙胺滥用者即使停止滥用 8 年至 12 年，仍然有一些精神病症状，一遇刺激便会发作。

三、其他新型种类毒品

除去我们上面提到的常见毒品种类，市面上还流行着一些更具迷惑性的新型种类毒品，它们以常见的食品、饮品包装形式呈现，打着有"解酒、提神醒脑、减压、抗疲劳的神奇功能和奇特效果"的幌子诱人上当受骗。这种新型种类毒品多出现在娱乐场所、学校附近等，往往以"请客，尝尝鲜"的形式出现，使人踏入歧途、不能自拔。

1. 阿拉伯茶

阿拉伯茶新鲜的时候就像苋（xiàn）菜，但与苋菜有一个区别，就是它的茎都是红的，叶子比苋菜显得更苗条一点。而在晒干之后，阿拉伯茶看上去与茶叶非常像，很有迷惑性，但口感苦涩。

2. "浴盐"

吸食这种毒品后，会让人完全陷入幻觉状态，失去理智，将自己想象为超人，并且对其他人进行攻击。毒品"浴盐"是现今最厉害的毒品。国外一些在公共场合撕咬并吃掉路人耳朵等行为多是"浴盐"吸食者所为。

3. 大麻

最早来源于大麻植物的提取物并因此得名。自 21 世纪初合成大麻出现。大麻使用历史很早，可能是已知毒品中最早的，曾长期用于药物、宗教、娱乐方面。由于缺乏对大麻毒性的正确认识和西方国家个别地区大麻合法化的错误诱导，近年来，国内吸食大麻人群呈增多趋势。大麻长期服用会引起失眠、食欲减退、性情急躁、容易发怒、呕吐、颤抖、产生幻觉等症状，使人的理解力和记忆力衰退，免疫力下降，容易感染各种疾病，从而使身体虚弱、消瘦。

另外，还有诸如"奶茶""跳跳糖""0号胶囊""红冰""开心果""黄皮""迷幻蘑菇"等包装精美、毒性持续效果强的"特殊饮品食品"，具有极强的隐秘性，容易使人误食，还请大家不要轻易接受。

第二节　毒品的欺骗性

我们不难忘记，电视画面上经常出现的晚清时期老爷、太太、公子哥们躺在床上手持烟袋的场面，也不难忘记现代社会，迪厅、酒吧、KTV、夜总会一群"俊男靓女"疯狂摇头狂魔乱舞的场面。这就是毒品对人们的诱惑，它可以让人暂时忘却烦恼，精神高度亢奋。无数吸毒人员的案例表明，不论是传统毒品还是新型毒品，都会对人的神经系统产生破坏，让人产生"目空一切、舍我其谁"的"满足感、自豪感"，无限放大吸毒人员的虚荣心，填补因精神空虚导致的"思想沟壑"。下面，我们就从吸毒人员沾染毒品的原因来回看一下毒品的欺骗性。

一、毒品是与生俱来的"骗子"

无论何种毒品，在诱惑他人吸食的时候，都会被无限地"包装、夸大"其神奇作用——会产生神奇的特效，让人忘却一切烦恼。像福寿膏、芙蓉膏等，把鸦片的麻醉作用过分夸大宣传，称可以使人精神振奋、飘飘欲仙。而现如今，一些不法分子更是为了赚取高额利润，给毒品披上神秘的外衣，引诱他人上瘾，骗取钱财，通过宣扬"飘、爽、刺激"让人心生向往，通过夸大神奇功效"能治病、减肥"让人趋之若鹜、甘心掏钱，通过宣传"刺激、时尚"给自己成为"瘾君子"找出合理的借口，等等。这一切都是毒品与生俱来的"欺骗性"，被无限放大，蛊惑人心，让人甘愿为毒品付出自己的一切。

二、被夸大的神奇功效

传统毒品是以麻醉和镇静为主的抑制剂，而新型毒品是兴奋剂，两者看似截然不同，但都是作用于人的神经中枢系统，给人带来所谓的"欣快感"，并在此基础上无限地扩大、放大，让人产生一种错觉，用"飘"和"爽"让人独步天下，暂时性地忘却生活、工作中的种种烦恼。毒品只是为了诱惑你，一旦上瘾，你必将被毒品控制，不能自拔，健康、家庭、事业等都会成为毒品的"陪葬品"。

三、拉拢手段的欺骗性

毒品本身的违法性和危害性决定了其无法立足于阳光之下，只能是生活在黑暗的世界里，通过不良朋友圈的"口口相传"将原本幸福健康的你拉下水，而为了拖你下水，其手段必将是找准你的弱点，"专叮有缝之蛋"。拉拢某人吸毒无非两个原因：一是拖人下水、同流合污，给自己沾染毒瘾找个"心理平衡"；一是骗人沾染毒瘾，赚取钱财。但不管是什么原因，其手段无非就是拉拢欺骗，让你心甘情愿坠入"毒窟"。

四、一旦吸毒就自然地"继承"了毒品的欺骗性

吸毒于情于法都不能被社会所接受，吸毒人员自从沾染毒品的那一刻起就注定要学会如何骗人：一是为了掩盖自己的吸毒行为，骗家人、骗同事、骗朋友，不让大家看出自己的异常，不让自己的吸毒行为被"曝光"。二是骗取毒资，为了满足自己对毒品的渴求，不惜采取各种手段向家人、亲戚朋友以及所有周边能认识的人去骗钱，以填补因吸毒及其附带消费所带来的"资金黑洞"。三是即使被家人、朋友、同事发现自己的吸毒行为，在没有成功戒除之前，仍然会用各种谎言来证明自己已戒毒，让人相信。

相关链接：

潍坊籍吸毒人员小孙（化名），家境富裕，父母是当地小有名气的企业家，自幼在溺爱中成长起来，花钱大手大脚，在社会上交了很多的"朋友"，爱面子、讲义气、办事大方成为其行走江湖的"靓丽名片"，颇受圈子中兄弟的欢迎。在一次酒后，小孙被"面子"恭维着，找到了人生新的"意义"所在，那就是"溜冰"，一种刺激、时尚、够面的娱乐方式。短短一年时间，他把父母给买的宝马X5汽车抵押出去三回用于挥霍。父母忍无可忍的情况下将其送到自愿戒毒所戒毒。戒毒回家后，碍于自己的"面子"和在圈中的"威信"，小孙又回到了以前的"快乐生活"。为了让父母相信自己已经戒毒，他不再抵押汽车，改换成以修车、做生意为由从父母兜里掏钱。最终，被父母发现，他们主动找到警方，把自己的儿子送到强制隔离戒毒所接受系统的戒毒教育。

第三节　毒品的危害

毒品危害，可以概括为"毁灭自己、祸及家庭、危害社会"十二个字。

（1）毒品严重危害人的身心健康；

（2）毒品问题诱发其他违法犯罪，破坏正常的社会和经济秩序；

（3）毒品问题给家庭、社会造成巨大的经济损失；

（4）毒品问题严重影响和破坏良好的社会风气。

下面我们就结合具体的案例向大家一一呈现毒品的危害。

毒品就像一个魔咒，一旦沾染，必将使人陷入"万劫不复"的境地。不同类型的毒品，危害不同，但后果却是相同的，那就是"行尸走肉、家破人亡、前途尽毁"。

危害之一：强烈的戒断反应会无限放大对毒品的"渴求"

吸毒人员沾染毒品后，会伴随着戒断反应的不断加剧而无限放大对毒品的渴求，并在这一恶性循环过程中反复增加计量，以满足身体内部对毒品的"渴求"，进而导致毒瘾难戒。以传统毒品为例，常见戒断反应包括：四肢抽搐、浑身寒战、上吐下泻、四肢关节疼痛无力，正如一些影视剧中所描述的那样：一个瘦骨嶙峋的"瘾君子"，躲在一个阴暗的角落，身体四周散落着烟头、废弃的针管、食物残渣，而这位"瘾君子"正蜷缩在墙角，浑身瑟瑟发抖，眼泪鼻涕不断地往下流，忍受着"万蚁噬骨"般的疼痛，乞求别人再给他点毒品。这就是吸毒者"吸毒—控制戒断反应—再吸毒"的恶性循环。而新型毒品，以冰毒为例，虽然其戒断反应没有上述那么悲惨，但后果更可怕。冰毒的常见戒断反应为性格改变，诸如：脾气变得易激惹，情绪波动较大，心情烦闷、躁狂等等，然而这些极易被忽略，被错误地认为是因为有烦心事造成的，与此同时也给人一种错觉，那就是吸食冰毒不上瘾，其实是戒断反应造成的对毒品的渴求。

危害之二：毒品对吸毒人员身心的巨大损害

毒品，通过名字我们就可以看出，"毒"是它最本质的东西，可想而知，它对人身体健康的破坏力。我们姑且来看一下传统毒品对人身体机能的损坏，以海洛因为例，海洛因吸食者长期吸食海洛因，可导致身体机能下降，身体暴瘦，免疫力下降，极易感染各种传染性疾病，比如肺结核、乙肝、丙肝等等，还会患上钙流失造成的牙齿脱落、骨骼易折等骨关节疾病。注射吸食毒品还可使人感染艾滋病以及其他以血液为媒介传播的各种疾病。新型毒品，以冰毒为例，长期吸食会对人的神经中枢产生破坏，极易诱发苯丙胺类精神病，其症状常表现为错觉及幻觉、敏感、多疑、偏执、被害妄想、自伤和伤人等。个别患者出现躁狂样表现，与偏执型精神分裂症相似。

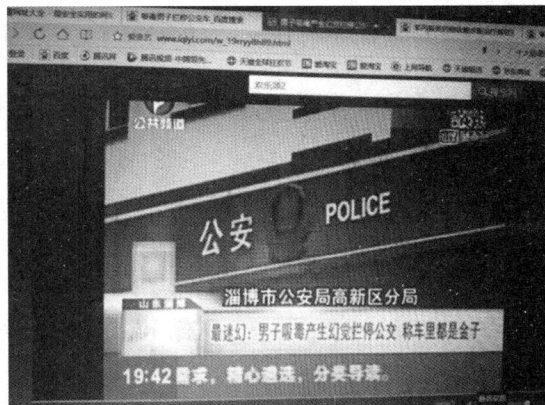

危害之三：毒品对社会伦理道德的危害

毒品除了对吸毒人员身心的巨大损害，对社会伦理道德也产生巨大的危害。吸毒人员为索要毒资卖儿卖女，骗取家人、朋友钱财，可以说在毒品面前，最先受到伤害的就是亲情、友情、爱情，常言说"毒瘾一来人似狼，卖儿卖女不认爹和娘"，甚至出现吸毒人员面对家人阻止吸毒而挥刀相向的情形。特别是当前新型毒品泛滥，在毒品兴奋作用的控制下，经常发生性别错位、认知扭曲等现象，导致同性恋、性乱交等等，严重破坏了正常的社会伦理道德。

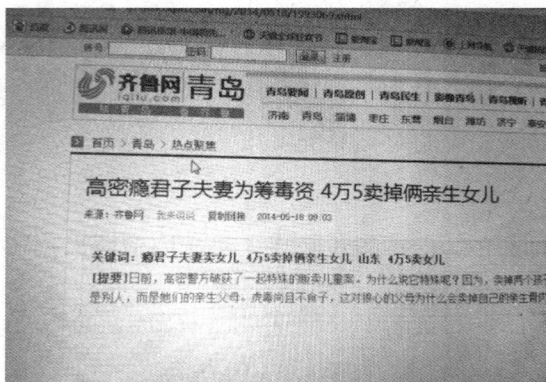

危害之四：毒品严重危害社会公共安全

寻求毒品是所有吸毒人员日常"最重要的活动"，获取毒资成为这一"最重要的活动"的关键环节。我们知道毒品消费群体已然成为"高消费群体"，面对数百元甚至上千元一克的毒品，即使家财万贯也难以为继。为了获取毒资，盗、抢、骗等侵财行为成为主要方式。另外，近年来由于新型毒品流行，其特有的对人神经系统的损坏，导致吸毒人员出现幻觉、妄想、偏执等精神病症状，产生的一系列暴力伤害行为也严重危害着社会公共安全。特别是近年来"毒驾"行为酿成的惨剧频频曝光，给我们敲响"珍爱生命、远离毒品"的警钟。

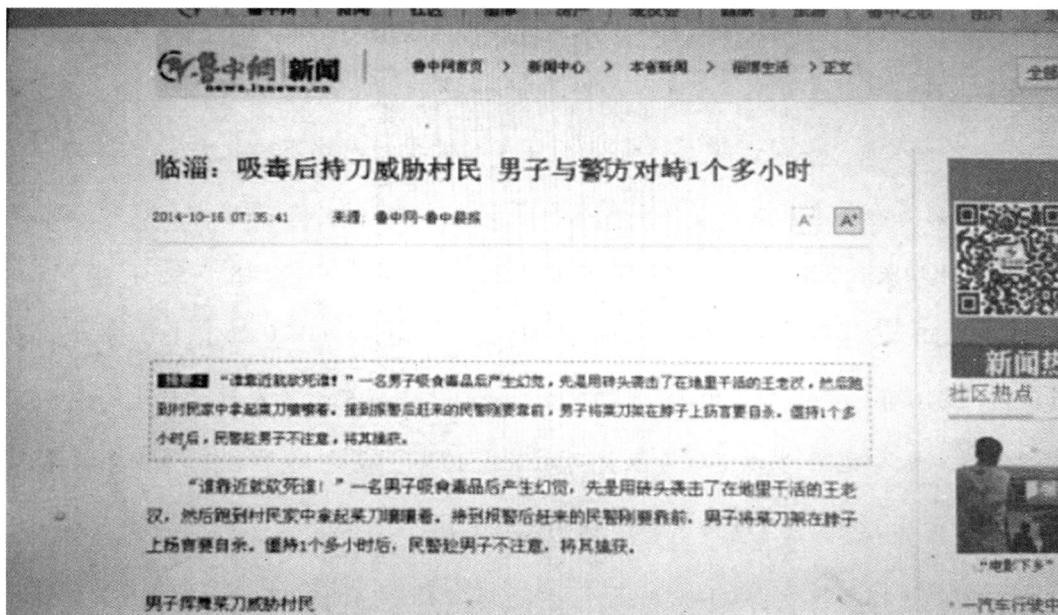

第二章　实训

学会正确预防毒品

相关链接：

1. 经过持续开展禁毒人民战争，中国毒情形势保持稳定，毒品蔓延势头总体可控，没有发展成为影响社会大局稳定和人民群众安居乐业的重大社会问题。但是，中国面临的国际国内毒品形势仍然严峻、复杂。当前全球毒品问题持续泛滥。据联合国毒品和犯罪问题办公室统计，全球有170多个国家和地区涉及毒品贩运问题，130多个国家和地区存在毒品消费问题，2.5亿人沾染毒品。在毒品问题全球化背景下，世界范围毒品泛滥对中国构成重大威胁和严重影响。特别是"金三角""金新月"等境外毒源地向中国毒品渗透仍不断加剧，中国国内制造合成毒品问题仍较突出，毒品贩运活动持续高发多发，毒品消费市场特别是滥用合成毒品规模持续扩大，毒品社会危害依然严重，总体上毒品问题仍呈快速蔓延的趋势。

2. 吸毒人员总量缓慢增长，青少年吸毒人数增幅同比下降。截至 2016 年底，全国现有吸毒人员 250.5 万名（不含戒断三年未发现复吸人数、死亡人数和离境人数），同比增长 6.8%。其中，不满 18 岁 2.2 万名，占 0.9%；18 岁到 35 岁 146.4 万名，占 58.4%；36 岁到 59 岁 100.3 万名，占 40%；60 岁以上 1.6 万名，占 0.7%。2016 年，全国新发现 35 岁以下吸毒人员占新发现吸毒人员总数比例同比下降 2.6%，新发现 35 岁以下吸毒人员同比下降 19%，查获 35 岁以下青少年吸毒人数同比下降 4.1%，青少年毒品预防教育成效初显。

——以上内容摘自《2016 年中国毒品形势报告》

通过以上数据，我们不难看出毒品预防形势依然严峻，这也不得不引发我们的思考，在全世界对毒品违法犯罪严厉打击的背景下，在全社会毒品预防宣传力度不断加大的情况下，为什么还会出现这样令人担忧的数据呢？试想一下，我们作为成年人为什么会染上毒品？假如我们的孩子也沾染上毒品，我们的家庭成为受毒品毒害的家庭，那将是怎样一幅悲惨的画面？今天，我们就带领大家从吸毒人员沾染毒品的原因入手进行逆向分析，帮助大家学会正确预防毒品。

一、预防毒品，你才是真正的主角

俗话说"苍蝇不叮无缝之蛋"，纵使沾染毒品诱因很多，预防吸毒的措施也很多，归根结底，预防吸毒的关键还在于自己。只有从我做起，从现在做起，自律自爱，珍爱生命，远离毒品，才能切实保护好自己；要筑牢预防毒品的"思想堤坝"，认清毒品对自己和家人的危害，提高自身道德水准，弘扬社会正能量，方能认清毒品的真面目，不犯"一叶障目"的低级错误；时时刻刻警醒自己，不让社会的阴暗面和错误宣传成为自己"敲开蛋壳"的理由和托词，坚决抵制错误的人生观、价值观。

案例：

戒毒人员孙某自幼父母离异，跟随母亲生活。孙某的母亲整日忙于生意，无暇顾及孙某的成长。父母的行为让孙某对家庭和责任失去了最起码的认知，整日以花钱寻乐找刺激为生活目标。在认识毒品这个"朋友"后，孙某内心得到极大的满足，从十几岁开始吸毒到现在30多岁，其间，强制戒毒了好几次。孙某对自己的家人不管不问，认为毒品才是他最好的"亲人"，可以让他什么也不想。

二、拒绝不良朋友，净化自己的朋友圈

分析吸毒人员沾染毒品的原因，我们不难看出，几乎每一名吸毒人员沾染毒品的背后都有他人的教唆、拉拢、欺骗：有的是朋友聚会时，酒后被朋友将毒品当作醒酒药拖下水的；有的是因为"好闺蜜"谎称吸毒能够减肥而被拖下水的；有的是生意往来，为了迎合客户需要被拉下水的；有的是被朋友蛊惑刺激好玩还不上瘾，为了迎合自己内心的空虚，半推半就被拉下水的；有的是年少多金、江湖义气重，为了让自己在"圈子"里不被人孤立而主动下水的等等。正所谓"近墨者黑"。从以上我们不难看出，身处不良朋友圈的危害有多大。因此，我们要学会甄别自己身边的朋友，剔除一些有不良恶习的朋友，因为你一旦被拖下水，所谓的"朋友"就会变成"吸血鬼"来榨取你身上的价值，即便不存在利益交换，单纯地让你"尝鲜"，这样的朋友你觉着他真是为你好吗？

三、培养健康生活习惯，摒弃不良生活方式

自身正，方能行稳致远；自身不正，则荆棘密布。毒品问题最大的根源在于吸毒人员自身理想信念的丧失，缺乏正确的人生态度，不愿接受道德底线的约束，善于在荒诞、离奇、没有道德感的世界"纵骋享乐"，以炫耀、堕落、腐化为最基本的生活方式。久而久之，沉迷其中不能自拔，长期出入迪厅、酒吧、夜总会等娱乐场所，以"声色犬马"为主流生活方式。纵有一次"缝隙"，也必将造成"千里之

堤毁于蚁穴"的严重后果。首先是不能把持自己。面对各种诱惑，试问有几人能抵挡？最理想的状态就是敬而远之，因为你一旦进入，终将是无底深渊，这也是被千百案例所佐证的。其次是诱惑背后的"罪恶"始终对你不离不弃。民间有句谚语"苍蝇专叮臭鸡蛋"，试想一个每日沉迷于酒色的人，其道德底线几近崩溃，哪能受得了专门让人丧失底线的"毒魔"冲击？正如前面所讲，如果你不想掉入毒品的"无底洞"，如果你对亲人、家庭有最起码的道德和责任，就一定要远离毒品，最好的办法就是培养科学健康的兴趣爱好，远离一切与法律和道德相违背的生活方式，珍惜当下，且行且珍惜！

案例：

戒毒人员贾某，家境较好，父母为退休公务员，妻子为事业单位工作人员，儿子活泼可爱，可以说家庭非常幸福美满。然而这一切，从贾某事业小成以后就开始出现"裂痕"。原因竟是贾某从事工程建设，有了一定的资本积累后，打着扩大经营的幌子，整日在外结交应酬。为了彰显自己的"豪气""义气"，结交范围"三教九流"，起初还能控制住自己的行为，慢慢地心态失衡："看人家活得多么潇洒自在，我怎么就缩手缩脚，都是应酬面子上的事，过去就完了。"就这样在不断地自我宽慰下，开始来者不拒，什么潇洒、刺激玩什么，最终被毒品盯上，钱财逐渐散空。因生意失利，开始从家人处骗钱。家人发现后，多方劝阻。贾某置若罔闻，况且受毒品影响，贾某性情变得暴躁、多疑，无端猜测妻子有外遇，最终贾某妻子选择离婚。贾某的父亲一气之下突发脑梗，落下严重后遗症。贾某最终因被别人揭发，被送进强制隔离戒毒所，接受强制隔离戒毒两年。

第二单元
院校毒品预防

一、院校毒品预防教育综述

院校是学习文化知识的地方，也是进行毒品预防教育最好的阵地和舞台。进入新世纪以来，我们国家日益重视在校学生的毒品预防教育。自 2002 年开始，国家禁毒委员会办公室与教育部联合开展了以"学生不吸毒、校园无毒品"为目标的"不让毒品进校园"活动。2008 年 6 月 1 日起正式施行的《中华人民共和国禁毒法》第 13 条明确规定，教育行政部门、学校应当将禁毒知识纳入教育、教学内容，对学生进行禁毒宣传教育。中小学生的毒品预防教育不在本书讨论范围之内，这里主要讲的是各类专业院校在校大学生的毒品预防教育。

（一）院校毒品预防教育的概念

院校毒品预防教育就是根据学生在校期间的学习特点，在院校范围内采取各种针对性的教学方式，对学生进行禁毒宣传教育，让学生增加禁毒意识，养成自觉拒绝毒品的态度和行为的教育方式。在专业院校开展毒品教育，其形式主要有三种：一是日常课堂化教学。在学校日常教育课程中开设禁毒知识课程，组织按课时上课；或者将禁毒知识穿插于德育、健康教育课程中进行讲授。二是利用课余时间开展教育。例如，通过校园广播、宣传栏、黑板报等形式进行禁毒知识宣传教育，组织学生观看禁毒主题电影，到戒毒所参观，以及开展以禁毒宣传为主题的各类社会实践活动。三是邀请禁毒戒毒警察、专家和相关部门人员开展禁毒专题讲座。

（二）当前院校毒品预防教育现状及相关工作的必要性

目前，毒品滥用群体有向低龄化、群体化发展的趋势，青少年吸毒人数不断上升，虽然院校学生吸毒人数少，但院校已不是过去那种"象牙塔"，学生们好奇心强，并已较强地融入社会，如果对学生的教育不到位、控制不力，则前景不容乐观。国家禁毒办发布的《2015 年中国毒品形势报告》显示，全国吸毒人员 234.5 万人（不含戒断三年未发现复吸人数、死亡人数和离境人数），其中不满 18 岁的有 4.3 万人，占 1.8%；18 岁至 35 岁的有 142.2 万人，占 60.6%，低龄化特征突出。

根据山东省公安厅 2017 年 6 月发布的最新数据显示，山东省登记吸毒人员已超过 10.2 万人，吸毒人群持续蔓延扩散，呈现人数急剧增长、区域逐渐扩大，群体层次多、低龄化等特点。其间，山东共破获毒品犯罪案件 2300 多起，抓获犯罪嫌疑人 2600 余人，缴获各类毒品 1500 余千克，重点制毒物品近 10 吨，新发现吸毒人员 4700 余人，强制隔离戒毒 1200 余人。笔者从山东省鲁中强制隔离戒毒所调查得知，在册戒毒人员中，大学生吸毒者比例为 0.5%，与 2016 年全国登记的吸毒人员比例是相同的。

一个人走上吸毒的道路，其中非常重要的原因，就是对毒品缺乏足够的认知。对于大学生来讲，其好奇心还很强，涉世不是很深，但追求潮流、融入社会和群体的意愿一般比较强烈。根据有关数据调查显示，各类院校大学生对毒品普遍都有一些了解，但总体上比较片面，对一些毒品可以被用作药品进行治疗的特点，认识不清楚，或者根本不知道。关于吸毒成瘾的问题，有近一半的学生知道原因，但对毒品的具体危害、毒瘾的特征、国家关于禁毒戒毒的法律法规等，没有足够的认知。

目前，我们国家要求在中小学阶段就开展毒品预防教育，很多省市的学校已经进行系统化落实，安排相关课程，但这需要一个过程。当前很多专业院校的学生，在中小学阶段几乎没有接触过比较系统的毒品知识教育，对毒品的认识比较零星、分散，只是处于初级或表面意识层面。同时，绝大多数大学生还认为毒品与自己不相干。大学生们虽然处于相对单纯的校园，但随着高校及专业化院校规模的扩大，人数的增多，院校后勤社会化等新趋势，校园的社会关系也越来越复杂，尤其是网络已成为现代生活不可分割的内容，使大学生们与社会的接触比任何时候都要紧密，很多学生在校期间就已经充分融入社会，迪厅、网吧、会所、酒店……这些地方早已成为他们时常光顾的场所。如果对毒品没有一个清醒而深刻的认知，且没有一定的意识去防范，在毫无防备之下，很可能会被一些不法分子乘虚而入，对毒品进行尝试，并进而吸食成瘾。有调查显示，有近三成的大学生及成人院校学生对禁毒情况不太关心。在访谈过程中还得知，大多数成年学生不会自己主动去了解关于毒品的有关知识，特别是对摇头丸等是否为毒品，相当多的成年学生认识不明确，甚至有很多学生认为其是娱乐的助兴品，比较时髦，不会成瘾。由此可见，在毒品的预防教育中，成年学生也没有很强的自主学习的能力以及安全防范的意识。

另一方面，院校对学生的毒品教育也存在误区。一是认为给学生讲授一些关于毒品的知识不合适，容易引发学生的好奇心，犹如打开了"潘多拉的盒子"，释放出学生内心的"魔鬼"，因而还是避而不谈，减少学生在认识上接触毒品的机会。二是认为有个别学生吸毒，主要是家庭和社会环境造成的，与院校的教育无关；禁毒宣传教育是政府职能部门的事，院校的职能是管理教育好学生，学生在校期间不出现吸毒现象就行。对于院校毒品的预防教育主要停留在口号上，没有实际行动，同时，院校也不具备专业毒品预防教育能力，而且毒品预防宣传教育资料不正规，相关教育缺乏科学性、针对性、系统性和实效性。

（三）国外毒品预防教育情况

禁毒工作重在预防，而院校教育是其中的一个重点，世界各国对院校毒品预防教育一般都比较重视。以美国为例，美国是世界上最大的毒品消费市场，毒品滥用导致的犯罪问题异常严重，院校亦是如此，甚至可以说是几乎不存在没有毒品的成人院校。为加强应对，美国在全国范围内制订并实施了一系列帮助学生抵抗毒品诱惑的综合性计划，联邦政府和各个州都有这方面的具体安排，各地也不尽相同，但总体上一般都有州政府提供的专项经费，既有毒品危害宣传方面的内容，也有资助社会团体用于药物滥用防治教育的计划，有些地方是由政府部门、院校和公益组织联合开展预防教育工作。在具体开展工作中，一般都是分两个方面：一方面是面向学生的毒品危害教育，主要是通过灵活多样的教育方式，帮助学生培养在压力和诱惑面前拒绝毒品的心理准备和技巧，让学生自己做出远离毒品的正确选择。另一方面是对教师进行培训，培训的目的性都很强，培训内容既包含毒品理论知识和教学技巧，也有如何辨别学生吸毒的内容，这也是受美国学生吸毒人数相对较多的影响。英国、法国、日本等国家都比较重视中小学毒品预防教育，一般都将相关知识列入教育课程，英国在院校设警察联络官，负责相关毒品预防教育和师资力量培训。但总体上看，国外在中小学方面的相关教育比较重视，但在大专院校中相应的教育安排相对较少。

二、学校毒品预防教育教案参略

目前，随着禁毒形势的日益严峻，我国对学生毒品预防教育的研究也越来越深入，以促进禁毒工作的进一步开展。但相比较于西方，我们在教育理论和毒品预防方法上还有差距，在研究中注重宣传与教育，不进行个性教育；注重宏观理论研究，不注重个案分析；强调工作经验性宣传介绍，缺乏对人本个性角度的思考。当前，毒品预防教育的形式还比较单一，以讲座、标语、展板等面上的方式进行，体现了大面积、高效率的优势，但往往没有考虑个性，使得宣传教育形式化，不重视宣传内容。

（一）现代教育理论略读

只有在先进的教育理念的引领下，课堂教学的方向才不会偏离科学的轨道。下面将当前几种较为流行的教育理论做一个简要介绍。

1. 改造主义教育。改造主义教育是 20 世纪 30 年代从实用主义教育和进步教育中逐渐分化出来的，到中叶逐步形成的一种独立的教育思想，其主要代表人物是美国教育家布拉梅尔德。改造主义教育理论最根本的思想是，社会需要进行持续不断地改造和变化，而且社会改造的实现需要充分利用教育，学校教育是实用化的工具手段。该理论主要分为五个方面：

（1）教育应以"改造社会"为目标。

（2）教育要重视培养"社会一致"的目的，体现趋一化的精神。

（3）强调行为科学的意义，将行为科学作为学习教育过程的基础。

（4）教学上以社会问题为中心。

（5）教师应树立模范，并以进行民主劝说教育为主。

2. 永恒主义教育。与改造主义教育基本处于一个时期，强调的是，理性是人性的基础，社会秩序的稳定依赖于永恒的真善美，要通过教育逐渐使人认识真理，更趋向理性。该理论的主要观点包括四个方面：

（1）教育的性质立足于追求永恒的"理性"。

（2）教育的目的是"引出人类天性中的要素"。

（3）古典学科应在教育中处于中心地位。

（4）提倡通过教学进行学习。

3. 存在主义教育。存在主义哲学强调把人的自我意识作为第一原理，以唤醒人对自己个人的认识；人生来就是自由的主体，并自由地为自己做出人生选择。主要理论可以概括为四个方面：

（1）教育的目标在于使学生实现"自我完成"。

（2）强调品格教育的重要性。

（3）提倡学生"自由选择"道德标准。

（4）反对团体教学的方法。

4. 新行为主义教育。这是一种以新行为主义心理学为基础的一种教育思想，反对传统心理学的"内省法"，强调观察行为和实验行为的"客观法"，主张人的行为是受因果律支配的"刺激—反应"。主要观点可概括为四个方面：

（1）教育是塑造人的行为，在教育过程中按照"刺激—反应—强化"的程序进行训练。

（2）提倡程序教学，基本原则是积极反应，及时强化，学生的行为可以由外界引起和受外界的控制。

（3）学生的学习行为可以通过教学机器进行强化。

（4）教育研究应以教和学的行为作为研究的对象。

5. 结构主义教育。主要理论根据为四个方面：

（1）注重学习各门学科的基本结构。

（2）强调基础学科的早期学习。

（3）提倡广泛使用与结构课程相适应的"发现法"。

（4）教师是结构教学的主要辅助者。

6. 终身教育。终身教育是 20 世纪 60 年代后在世界上得到广泛传播的教育理念，主要概括为三个方面：

（1）终身教育是现代社会的需要。

（2）终身教育没有固定的内容和方法。

（3）终身教育是未来教育发展的战略。

（二）院校毒品预防教育理论基础与方法思路

关于院校学生毒品预防教育理论，我们可以从马克思关于人的全面发展学说中找到根基。当前，一些院校在教学过程中因多种原因，导致出现偏差，培养了一些"高分低能"的"应试型"学生，特别是在帮助学生增强社会能力，实现全面发展方面做得很是不够。院校应当以马克思关于人的全面发展学说为主要理论基础，结合社会实践，开展适合自身特点的适应性教育，其中帮助学生增强拒毒防毒能力就是其中一个重要方面。

院校毒品预防教育要注重人的身心发展规律。一方面，人的身心发展受到遗传因素、环境因素和教育因素的制约与影响，其中教育起主导作用。另一方面，人的发展对教育也会有制约，教育要适应人的发展的顺序性和阶段性，循序渐进地促进人的发展。根据人的发展受到多因素的制约，在对学生进行毒品预防教育时，要整合家庭、学校和社会的教育资源，形成合力。要注重学生身心发展规律，根据院校学生的身心、学习和生活特点，针对性地开展拒毒防毒教育，以达到最佳的教育效果。

院校毒品预防教育还要注重遵循心理健康学理论。很多研究发现，吸毒者走上吸毒的道路，与心理不健康也存在一定的关系。要使毒品预防教育真正深入学生内心，还应研究心理健康理论，为教学方案的制订寻找内在依据。对学生开展毒品预防教育，最直接的目的就是培养学生拒毒防毒的意识和能力。

拒毒防毒意识培养的关键是从意识强化入手。由于学生安全意识强弱程度、知识背景、人生观和价值观的差异，在进行意识强化上也要有所不同。要从时间、内容、强弱程度方面制定科学的、系统的和规范的培养措施，根据不同层面的目标，对学生安全意识进行强化、激励和规范。强化手段即为培养学生拒毒防毒意识过程中的重要手段，如何让有关毒品的危害和拒毒防毒信息不断地在学生大脑中重复反映，并能够稳定记忆，可以从外部环境文化建设和内部个体自我防护素质两个方面，通过文化、教育、刺激三种方式来展开。

1. 知识灌输法。在人的大脑中所形成的观念和意识，支配着人的行为，即习惯性行为。但是，每个人形成一种意识，需要经过一定的时间。而要改变人们身上的不良习惯，必须首先转变人们思想上的不良观念和意识。进行拒毒防毒安全教育，可以通过多种形式强化吸毒危害性教育，年年讲、月月讲，反复灌输，将"只有远离毒品，才能健康生活"的思想植入学生的潜意识。

2. 个性教育法。对学生进行个性、情操的陶冶，培养健康向上的情绪。在对学生进行毒品预防教育的同时，注意启发学生学习唯物辩证法的兴趣，用相关活泼的教学形式并结合丰富的案例，激发学生学习的热情和自觉性，提高学生分析和处理问题的能力，使其主动参与到宣传活动中来，带动周边人员的积极主动性。加强学生个性修养，使其善于控制感情，克服不良心态，始终保持健康、乐观、奋发、向上的情绪，杜绝个人不良行为，远离危险诱惑。

3. 文化渗透法。创建健康向上的院校文化，形成一个强大的健康文化氛围，让学生的行为自觉地规范在这种无毒健康的价值趋向和行为准则之中。院校文化的创建不是片面的，也不是一朝一夕的事，是院校教育工作长期的积累，来源于并融入各类院校活动中。建设拒毒防毒院校健康文化，就是用无毒健康院校文化造就具有完善的心理素质、科学的思维方式、高尚的行为趋向和文明生产生活秩序的现代人，使每一个学生在正确的心态支配下处理遇到的事物，自觉抵御毒品的诱惑侵袭，有效地保护自身的安全与健康。

4. 综合刺激法。通过视频、图片等形式，将吸毒造成危害的案例，用直观的画面刺激大脑，让学生认识到毒品的危害，加深对毒品预防的敏感性和警觉性。要适度地对学生进行挫折教育，给予一定程度的打击，磨炼学生的意志，确保身心的安全和健康。

（三）毒品预防教育方案设计

在组织开展毒品预防教育，进行方案设计时，为保证效果，应着重把握好几个关键。

1. 教案应包括毒品基本知识介绍。

主要包括以下几个方面：

（1）毒品的定义。

（2）毒品的分类，几种常见的毒品。

（3）毒品的危害，与毒品有关的常见案件。

2. 应进行毒品形势的简要分析介绍。

主要包括以下几个方面：

（1）当前毒品滥用情况。

（2）特定年龄组的毒品使用情况。

（3）与院校学生有关的毒品使用与相关案件情况。

（4）现有的国家禁毒戒毒法律法规。

（5）政府和社会关于禁毒工作动态。

3. 设计教案时，需充分考虑特定对象的知识组成和认知构成。主要从以下几个方面入手：

（1）学生已知毒品和急需了解的相关毒品知识。

（2）目前学生对毒品持的价值观态、态度和感性认识。

（3）学生已掌握的防范技能。

4. 教学教材的选择。

教学教材的选择对教学效率和成效十分重要，多样化的教学材料，如视频、图片、案例故事等，可以激发学生的学习兴趣，有益于加深学习体验。在具体选择中应把握好教材的选择原则，尽力选择能够加深学生正确认知印象的内容，要适合学生的年龄特点，最好能够结合一些与学生有关的实例案件。

应当注意，在选择教材时，有些内容不宜列入：

（1）对毒品的认识态度不明、本身对禁毒态度模糊的资料。

（2）注重"新潮、时尚"等特点，不能明确反映毒品危害的有关资料。

（3）带有不良性诱惑等内容不健康的资料。

（4）令人过度精神压抑的视频等资料。

（四）与社会互动教育实践

禁毒教育是一项系统化的社会工程，需要全社会的共同参与，院校的毒品预防教育教学不应完全局限于学校内部，而应与社会进行良好的互动。院校可以与公安禁毒部门、司法戒毒所等单位合作，发挥各自的专业优势，开展合作共建活动，进行良好的教育互动。一方面，可以邀请禁毒戒毒警察、戒毒人员到院校给学生们做报告，宣传国家禁毒戒毒政策法律，并以现身说法的形式，宣传毒品的巨大危害。同时，也可根据实际情况，组织学生到共建单位戒毒所参观学习，近距离地感受戒毒人员的戒治生活，现场接受禁毒警示教育，增强学生们的感性认识。另一方面，戒毒工作的专业性比较强，特别是在如何提高戒断率和戒除心瘾方面，还有很大的挖掘空间。院校也可以发挥自身在学科专业、师资科研、大学生志愿者等方面的优势，与戒毒所合作设立教学实践基地，在文化戒毒、心理戒毒和教育帮戒等方面进行广泛研究合作，搭建多形式、高层次的科研合作平台，在共同促进戒毒工作的同时，调动起学生直接参与禁毒戒毒斗争的积极性，在社会实践中进一步增强识毒、拒毒、防毒意识。

第三单元
家庭毒品预防

一、什么是家庭毒品预防

所谓家庭毒品预防教育就是利用家庭作为社会基本构成单位的属性，发挥其各种社会功能，使家庭中的每个成员能够进行自觉的毒品预防，最终实现每个家庭每个人自觉地拒毒防毒的目的。

家庭毒品预防教育以家庭作为教育的基本载体，是一种弥漫式教育，家庭成员之间的有效沟通只要存在，毒品预防教育就在进行。家庭毒品预防教育以教育为目的，是一种隐蔽式教育，是随时随地都在接受和进行的教育，家庭成员之间互为老师和学生，互相影响。

二、家庭毒品预防教育的目的

家庭是社会的基本组成单位，家庭教育是奠定毒品预防教育基础的教育，它对毒品预防教育有着至关重要的奠基作用。父母是孩子的第一任老师，通过对父母进行毒品预防教育，有助于使整个家庭中的所有成员自觉远离毒品。孩子是社会的希望和未来，对孩子进行毒品预防教育，有利于长远地实现整个社会对毒品的自觉抵制。通过开展家庭毒品预防教育，让家庭成员能在相互关心和体贴中潜移默化地了解和掌握识毒、防毒、拒毒的策略与技能，在此基础之上，探索开展各类延伸教育，最终实现禁绝毒品的伟大目标。

三、家庭毒品预防教育的意义

（一）开展好家庭毒品预防，可有效地降低毒品尝试率。

案例：

戒毒人员初某，从小到大都是父母心中的乖孩子，老师眼中的好学生，但是好奇心、虚荣心较强的他对任何新鲜事物都特别敏感，同时又极度叛逆，非常情绪化，每当遇到挫折和打击，不是寻求正当途径去缓解或迎难而上，反而是一味躲避，不敢面对现实。初中辍学之后，原本想着用双手去开辟一片蔚蓝的天空，然而事与愿违，找工作处处碰壁。沮丧无助的他想麻醉自我，忘却烦恼，主动吸食毒品，最终成瘾严重，被送至强制隔离戒毒所进行强制隔离戒毒。

当前，我国毒品形势日益严峻。每一名吸毒者的背后，都是一个因吸食毒品而破碎的家庭。像初某一样，因无法处理情绪垃圾而吸食毒品者并不在少数。有研究表明，良好的家庭教育和家庭氛围，有利于家庭成员妥善处理情绪垃圾及化解矛盾。因此，合理地开展家庭教育及毒品预防教育，使未成年人形成良好的性格、健全的人格，对降低初次吸食毒品率有着非常重要的影响。

（二）开展家庭毒品预防教育，有助于预防戒毒后复吸。

案例：

吸毒人员陈某，在单亲家庭中长大，少言寡语，很早接触社会。吸食毒品后，被送强制隔离戒毒所，出所后不久便复吸。其自述，与家人基本不联系，毒友圈子非常大，复吸基本不可避免。

家庭毒品预防教育除防止初次吸毒外，非常重要的一个方面是防止复吸的发生。家庭在防复吸的工作中，承担着重大的责任，因为良好的家庭环境是脆弱的戒毒者赖以自我保护的第一道屏障。吸毒者的成瘾性包括生理成瘾和心理成瘾。经过戒毒之后，基本上生理成瘾消失，但巨大的心理成瘾仍然无时无刻不控制着戒毒者，此时，戒毒者的内心十分脆弱，亟需强大的心理支持来摆脱心中的毒魔，而家庭支持是戒毒者首选的也是最安全可靠的心理支持来源。此外，良好的家庭环境能够帮助戒毒者拓展良好的社会环境，尽早尽快脱离毒友圈，顺利实现全身心脱毒。

四、如何通过家庭教育预防毒品

（一）建立结构完整、稳定的家庭类型

有数据显示，来自单亲家庭或者寄养家庭的子女吸毒率明显高于家庭结构完整的家庭子女。完整、稳定的家庭对未成年子女的身心健康发育起着良好作用；残缺家庭的作用则相反，因而残缺家庭往往是导致个体吸毒等违法犯罪行为发生的最初原因之一。

案例：

小张自幼父母离异，与父亲共同生活，父亲忙于生意应酬，对小张关爱甚少。高中毕业后，小张便踏入社会，找了一份工作。因与父亲发生矛盾，后离家出走。小张混迹于网吧、舞厅等地，结识了不少"兄弟"。后在"兄弟"的"关照"下，开始从事要债、收保护费等工作。一天，小张因帮人要债两天未合眼，极其疲惫。这时，小张的一个朋友拿出像"冰糖"一样的东西，告诉小张"吸一口，非常解乏"。小张在好奇心的驱使下，吸食了冰毒，从此迷上了这种放松的方式，直到被公安机关查获，被送至强制隔离戒毒所。

小张是在三个不良环境中成长起来的。一是自幼父母离异，正常的家庭环境缺损，且父母对其疏于管教；二是高中辍学后结交朋友失误，其世界观、人生观在形成过程中受到侵蚀；三是就业环境不良，加快了其向负面转变。

（二）进行正确的家庭教育

家庭教育是一个潜移默化的教育过程，家庭教育的方式和类型，决定了一个家庭的未成年子女将来成长为哪种类型的成年人。多数吸毒者从小接受的家庭教育为过于溺爱或者过于严厉，同时伴随物质刺激、家庭暴力等许多家庭教育问题，而吸毒者本身往往也是追求享受、极度自私、热衷暴力的。

案例：

戒毒人员丛某，今年20岁，家中有父母及姐姐。他说："我小的时候家庭条件很好，处处都过着优越的生活，但父母很少和我在一起。爸爸在我上三年级的时候出国打工了，这一去就是7年，一年也就能跟爸爸通一两次电话。姐姐在美国留学。妈妈天天在家打麻将，也很少管我。我在外认识了好多朋友，天天和他们在一起玩耍，也很少回家，渐渐地打架便成了家常便饭。后来，在朋友的怂恿下，染上了毒品。"

戒毒人员俄某，彝族，24岁，家中有父母和姐姐。他说："我们所在的彝族自治县属于当地的贫困县，大多数人没有更好的经济来源，都走上了贩毒的捷径。那时，父亲也禁不住诱惑走上了贩毒道路。后来，爸爸、妈妈还有姑妈也都相继贩毒。我的家庭在2004年发生了重大变故。爸爸因为贩毒被抓了，由于涉案数量特别重大，爸爸被判了死刑。爸爸死后，家里失去了顶梁柱，那一年，我12岁。妈妈因为这件事逃到了外地，我便跟爷爷奶奶相依为命。后来，我辍学了，跟着老乡来到了千里之外的山东。老乡们都注射海洛因，对他们描绘的注射之后的感觉我非常好奇。在老乡的'鼓励'下，我尝试了第一次。就这样，我坠进了海洛因那白色的漩涡中不能自拔。"

（三）为戒毒者构建完善的家庭支持系统

在防止戒毒者复吸的过程中，家庭支持系统扮演着关键的角色。整个家庭作为一个有机体，应该正确对待家庭中出现的吸毒者，积极帮助其克服身体痛苦、心理障碍、社会歧视等问题，培养戒毒者健康的人格、高尚的思想品德与正确的人生观、价值观、法律观、道德观、家庭观和社会观。

案例：

孙某，原本有一个幸福的家庭，经济条件优越，妻子贤惠孝顺，儿子乖巧可爱。吸食毒品后，脾气暴躁易怒，情绪极不稳定，动不动就和家人吵架。因为吸毒败光家产，与妻子形同陌路，更加将精神寄托到吸毒上，无法自拔。最后，家人在无奈之下拨打了刑警队的电话。

第四单元
社区毒品预防

相关链接：

1. 来源：南方日报（原标题：莲花社区打造"无毒社区"）

阳光之下，所有的犯罪行为应该无所遁形、人人喊打。2016 年 10 月 25 日，连州镇莲花社区正式启动打造"无毒社区"工作，将依托社区居民力量，建立连州版的"朝阳群众"队伍，如果涉毒犯罪人员再执迷不悟，分分钟可能被社区居民发现举报归案。

社区居民争做缉毒打击部门眼线

"抵制毒品，从我做起"。根据清远市相关文件精神，连州市禁毒委于 10 月 25 日开展禁毒宣传活动，并在莲花社区启动打造"无毒社区"活动。

连州镇莲花社区位于连州镇中心地段，管辖面积约 1 平方公里，户籍人口达 9200 多人，流动居住人口 500 多人，也是连州市人员非常密集的社区之一。

近年来，莲花社区主动加强与禁毒办、辖区南门派出所联系，做好调查摸底，掌握社区吸毒人员动向，对在册吸毒人员进行建档，对每个在册吸毒人员做到心中有数，并做好帮扶教育工作。同时，努力落实社区戒毒、社区康复政策，狠抓禁毒宣传，营造全民禁毒良好氛围，并堵源截流，依托社区干部、群众力量，定期、不定期进行走访、暗访，全方位、多渠道获取涉毒信息，对在社区内的吸贩毒行为实行"零容忍"，形成社区居民争做缉毒打击部门眼线的良好氛围。连州版的"朝阳群众"力量初具规模。

对涉毒犯罪行为"零容忍"

连州镇莲花社区作为连州镇的中心阵地，禁毒工作的成败，直接影响到连州镇全面建设的整体形象。建设"无毒社区"是广大人民群众的祈盼，也是创建文明连州的工作需要。

社区是社会中"最基层的细胞"，开展创建无毒社区是非常具有积极意义的事情。禁毒、反毒需要全社会共同参与才能做好，不能仅仅只依靠某一个部门、某一个单位。要广泛宣传毒品对个人、家庭、社会的危害，营造全民禁毒氛围，保持高压态势，严厉打击涉毒犯罪，对涉毒犯罪行为"零容忍"。

本月开始，连州市将每月开展次数更为频密的禁毒宣传教育"六进"活动，在社区、学校、单位、家庭、公共场所、农村地区展开积极的禁毒宣传教育工作。

2. 山东省公安厅《关于加强社区戒毒工作的意见》

二、社区戒毒的执行主体和工作职责

城市街道办事处、乡（镇）人民政府负责社区戒毒工作。主要职责为：

（一）组织、协调本辖区公安、卫生、司法行政、民政、教育、人力资源社会保障等部门及工会、共青团、妇联等组织共同开展社区戒毒工作；

（二）与戒毒人员签订社区戒毒协议；

（三）研究制定社区戒毒工作规划，培训禁毒志愿者和社区义工，指导成立社区戒毒工作小组，落实对吸毒人员的帮教、监督和社区戒毒措施；

（四）对无职业且缺乏就业能力的戒毒人员，协调有关部门提供必要的职业技能培训、就业指导和就业援助等。

城市街道办事处、乡（镇）人民政府根据工作需要，可以指定居民委员会、村民委员会等基层组织负责具体落实社区戒毒工作措施。

社区是社会成员的生活基地，绝大多数社会成员的基本生活活动都是在其所处社区内进行的，以此建立多种社会人际关系，通过社区共同解决生活中遇到的困难和问题。

社区是社会的细胞，是社会发展与进步的基础，社区治理是社会治理的基础，是社会管理的重点。

通过上述链接，结合社区的属性特性，我们也不难看出，社区工作在毒品预防方面的重要任务，同时也让我们看到了社区毒品预防在整个禁毒预防体系中的重要作用和得天独厚的优势。

毒品治理问题是一项涉及面广、社会性强的长期性、复杂性系统工程，既需要加强禁毒执法，更需要社会力量的广泛参与、综合施治。作为生活在同一区域内的成员，都会受到这个特定环境的条件、风俗习惯、人文状态等因素的影响。社区治安直接关系到其成员之间的安居乐业，尤其是预防吸毒，更是社区成员共同的心愿。创建"无毒社区"，逐步增强社区预防吸毒的能力，对社区毒品预防意义重大。

第一章 理论知识

第一节 社区毒品预防是禁毒人民战争的需要

当前，受国际国内涉毒因素的综合影响，全国面临的毒情依然严峻复杂。2016年，全国责令社区戒毒24.5万人次，社区康复5.9万人次。又如，从2014年开始，李代沫、张元、宁财神、张耀扬、高虎、尹相杰、王学兵、张博、房祖名、柯震东、毛宁、傅艺伟等众多明星吸毒被查获，哪一件不是在我们可敬可爱的"朝阳群众"帮助下查获的？将毒品预防置于人民战争的汪洋大海，置于千千万万群众眼皮底下，即便是再狡猾的违法犯罪行为和违法犯罪分子也无处藏身。

社区是人们日常生活和相互沟通的场所，是物质文明、精神文明和政治文明建设的重要阵地；既是毒品预防的前沿阵地，又是社区戒毒的主阵地；既有热心群众监督举报各类违法犯罪行为，又有社区牵头、监管，整合家庭、社区、公安、民政、卫生、工青妇幼等群团组织的资源优势；既有《中华人民共和国禁毒法》赋予的使命职责，又有党和国家对于教育挽救吸毒人员的人文关怀。社区毒品预防可以最大限度保障吸毒人员和戒毒人员生活、治疗两不误，减少因强制性处罚和监禁带来的一些不便和不良影响，有其积极的社会和现实意义。

一、社区是发现涉毒人员的"桥头堡"

由于涉毒违法的隐秘性，吸毒人员场所变换也越来越频繁和趋于隐蔽，由过去的宾馆、夜总会、网吧等娱乐场所，越来越多地转向居民小区、出租屋等公安机关难以监管的场所，特别是近几年像我们"朝阳群众"举报的涉毒明星那样，隐藏在高档小区内外人难以发现的地方，如果不是涉毒人员进出频繁、异常，被群众发现，试想又怎能引起重视，进而被查获？可见社区毒品预防正是禁毒人民战争的有效利器，可以对那些隐蔽的违法犯罪行为进行有针对的打击，持续发挥着打击隐秘犯罪的"桥头堡"作用。

二、社区是吸毒人员戒断和康复的主阵地

《中华人民共和国禁毒法》明确规定，对于吸毒成瘾人员，公安机关可以责令其接受社区戒毒，同时通知吸毒人员户籍所在地或者现居住地的城市街道办事处、乡镇人民政府，戒毒人员应当在户籍所在地接受社区戒毒。由城市街道办事处、乡镇人民政府负责社区戒毒工作，公安机关和司法行政、卫生行政、民政等部门应当对社区戒毒工作提供指导和协助。

相关链接：

来源：鲁网淄博 6 月 23 日讯《山东省鲁中强制隔离戒毒所社区戒毒社区康复指导站经验做法在全省推广》

2015 年 12 月，山东省鲁中强制隔离戒毒所与惠民县禁毒委联合建立了全省首家社区戒毒社区康复指导站——明图指导站。经过一年半的努力，指导站现设有办公室、档案室、心理治疗室、集中尿检室、沙盘治疗室及警示教育基地等，配备了执法记录仪、电脑、打印机、冷藏箱、尿检检测仪、毛发测毒仪、心理 CT 等设备，成为吸毒人员接受管理、戒毒检测、心理辅导治疗、技能培训等一体的多功能指导站。截至目前累计接收社区戒毒、康复人员 204 人，操守率达到 96% 以上，家庭关系普遍得以修复，绝大多数人员都有了稳定的工作和收入。

三、社区是营造禁毒氛围的主阵地

社区组织通过开展形式多样的禁毒宣传教育、营造浓厚的禁毒氛围，使广大居

民充分认识到吸毒的危害性，自觉远离毒品，并共同参与禁毒斗争，使吸毒、贩毒等违法犯罪行为成为"人人喊打的过街老鼠"，真正构筑起"不让毒品进社区""不让毒品进我家"的铜墙铁壁，涌现出更多的"朝阳群众"，让毒品违法行为在禁毒人民战争的汪洋大海中无处藏身，努力开创和建设和谐社会的无毒社会环境。

第二节　社区毒品预防禁毒宣传的主阵地

社区毒品预防就是依靠社区力量，利用社区资源，强化社区功能，并通过各种途径让社区居民了解和认识造成毒品问题的基本因素和有关知识，揭示毒品对个人、家庭、社会的巨大危害，提高全民禁毒、防毒、拒毒的能力和参与意识，从而筑牢社区禁毒的坚固堤坝，让"远离毒品、珍爱生命"成为社区防毒的主旋律。

相关链接：

鲁中网淄博11月17日讯，2016年11月17日，张店公安分局联合科苑街道办事处、山东省女子强制隔离戒毒所走进淄博技师学院，开展系列禁毒宣传教育活动，活动通过图片展览、禁毒知识讲座、典型案例讲解等方式，让学生们真正了解到毒品的危害，增强预防毒品的意识，掌握自我保护的知识，做到远离毒品、珍爱生命。

毒品预防教育的目的是为了使群众更加清醒地认识到毒品的危害，减少吸毒行为的发生，进而减少毒品对家庭、社会的危害，而社区作为一个特定环境，因其特殊的地域、人文关系、生活状态及特定的组织控制能力更加有利于这一教育目的的实现。首先，社区的凝聚和同化功能可以使社区成员自觉抵御不良文化的侵袭，减少吸毒行为的发生。其次，社区的规范功能以及固有的风序良俗可以规

范和约束社区居民的行为，减少吸毒行为的发生。第三，社区的严密组织体系和群众自治的有效结合，可以有效地防范和控制吸毒行为以及戒毒行为，使违法行为无处藏身，缺乏生存土壤。结合上述优势，加以科学有效的宣传，便能组织、建立起浓厚的社区毒品防御阵地，通过不间断地宣传和维系，形成良好的毒品预防宣传阵地。

社区毒品预防教育的主要内容：

（1）禁毒历史、毒品知识、毒品危害。

（2）国家禁、戒毒法律法规和国家、地区相关政策。

（3）社区戒毒、康复的基本流程和运作模式。

（4）社区禁毒主题宣传活动，营造社区禁毒的浓厚氛围，鼓励社区居民积极揭发、协助有关部门打击毒品违法行为。

相关链接：

"朝阳群众很神秘，因为警方会保护举报人的隐私，因此就不要刨根问底了；朝阳群众很可爱，因为他们疾恶如仇，耳聪目明；警方工作离不开大家的支持和配合，不论是案件线索的收集还是交通、消防、治安隐患排查、法律宣传，大家都可以来做朝阳群众。"

——摘自北京警方官方微博"平安北京"对朝阳群众的评价

第二章　实训

社区毒品预防的组织形式

党的十八届三中全会通过的《中共中央关于全面深化改革若干重大问题的决定》提出，要改进社会治理方式，创新社会治理体制，以网格化管理、社会化服务为方向，健全基层综合服务管理平台。

2015 年 12 月，国家禁毒委、中央综治办联合公安部、司法部等 11 部委联合印发了《全国社区戒毒社区康复工作规划（2016－2020 年)》，规划从健全工作体系、落实工作措施方面做了明确的规定，为今后一个时期社区戒毒、康复以及毒品预防提供了根本的遵循和指导。《2016 年中国毒品形势报告》也明确指出社区毒品预防工作在毒品预防工作方面成效显著，使吸毒人员总量呈现出了缓慢增长的趋势。社区毒品预防以其独特的地域、人文优势采取"点面结合、层面教育、专项督导"的方式，既有普遍预防，又有重点督导，确保了宣传无死角、督导教育紧跟上的良好局面。各地也涌现出了很多先进经验，为禁毒人民战争的全面胜利打下了坚实的基础。下面就以案例形式给大家介绍一下社区毒品预防的先进经验。

相关链接一：

2017 年 7 月 5 日，省禁毒办在济宁市召开全省社区戒毒社区康复"8·31"工程现场推进会，会议要求要进一步提高重视程度，着力解决认识不到位的问题。各地必须强化"四个意识"，特别是核心意识、看齐意识，把习总书记的谆谆要求真正落到实处；必须强化"法定职责必须为"的意识，不打折扣，不搞变通，把各自应负的法定职责落到实处。要进一步用好"四支力量"，着力解决专职社工配备不达标的问题，通过政府购买服务和提供公益性岗位等方式，不断壮大禁毒社工队伍。要进一步突出示范引领，着力解决发展不平衡的问题，到2019年底前全省要创建6个国家级、50个省级社区戒毒社区康复示范县（市、区），所有的社区戒毒社区康复办公室都要达到省颁基本标准。要进一步做好统筹协同，着力解决缺少有效抓手的问题。当中要用好"三个抓手"，即与青少年毒品预防教育"6·27"工程、吸毒人员网格化管理、吸毒人员查处收戒工作有机结合，全力打好三年禁毒人民战争"回归"收戒战役。要进一步强化督导推动，着力解决责任不落实的问题，着重落实好基层党委政府的领导责任、各级禁毒委的组织协调责任和各有关部门的职能责任，真正把社区戒毒社区康复"8·31"工程推向一个新的台阶。

相关链接二：

来源：蓬莱信息港《山东蓬莱推动禁毒知识进万家》

山东蓬莱市公安局通过举办大型禁毒主题宣传、禁毒成果展等形式，组织禁毒志愿者、禁毒社工精心开展群众性禁毒宣传教育活动，努力营造全民参与禁毒的良好氛围。

蓬莱市公安局以"无毒青春，健康生活"为主题，深入全市大中小学、社区和厂企，以普及合成毒品危害、倡导健康生活方式为重点内容，普及毒品预防知识。根据青少年不同年龄段生理、心理特点设置不同的教育内容，提高广大青少年防范合成毒品侵害的能力。在此基础上，蓬莱市公安局积极推动禁毒宣传进单位、进家庭、进社区、进农村，着力打造"布点、连线、成面"的预防教育工作体系，形成禁毒宣传长效机制。通过开放禁毒教育基地，推送、扫描二维码，关注"蓬莱公安""阳光一生"禁毒微信公众号等方式，提高禁毒宣传科技含量，让广大群众在寓教于乐中自觉接受禁毒教育，努力提升禁毒知识的宣传效果。

相关链接三：

来源：贵阳市人民政府门户网站《推进网格化管理 强化居委会禁毒网底建设》

以社区网格平台为载体，居委会为依托，将禁毒入户宣传与网格员入户考核奖惩工作有机结合，有效地开启了禁毒宣传"社区有网、网中有格、格中定人、人负其责"的良好局面。

禁毒宣传与网格入户奖惩工作的有机结合，是以对网格员入户的定期考核为手段，将禁毒宣传纳入考核项目，从而增强网格员的积极性。在日常的入户中，能积极主动地发挥自身主观能动性。做好居民信息采集工作的同时，能积极地将禁毒知识带入居民家中，宣传禁毒知识，让居民朋友知晓毒品危害，懂得全民禁毒、防毒的重大意义，为持续扩大辖区禁毒宣传覆盖面和影响力，筑牢禁毒大防线，提供了积极有力的保障。

推进禁毒网格化管理，强化居委会禁毒网底建设。在社区禁毒宣传与网格奖惩工作的有机结合下，不仅能够有效地丰富社区网格职能，提高居委会工作效益，同时通过社区禁毒网格化管理工作的进一步开展，在社区网格大数据排查下，能够有效地摸清辖区毒情底数，提供参考依据，为辖区的稳定和谐发挥积极作用。

第五单元
毒品预防的社会工作

本单元所述毒品预防社会工作与"禁毒办通〔2017〕2 号文件"所述"禁毒社会工作"为同一性质、同一类型、同一范畴的工作，故下文统称"禁毒社会工作"。

一、禁毒社会工作综述

国家禁毒委员会办公室等 12 部门 2017 年 1 月 20 日联合下发的《关于加强禁毒社会工作者队伍建设的意见》（禁毒办通〔2017〕2 号）指出，禁毒社会工作是禁毒工作的重要组成部分，是坚持"助人自助"价值理念，遵循专业伦理规范，运用社会工作专业知识、方法和技能预防和减轻毒品危害，促进吸毒人员社会康复，保护公民身心健康的专门化社会服务活动。禁毒社会工作者是从事禁毒社会工作的专职人员。发展禁毒社会工作、加强禁毒社会工作者队伍建设，是增强禁毒工作专业力量、完善禁毒工作队伍结构、推进禁毒工作社会化的重要途径，是健全禁毒社会服务体系、创新禁毒社会服务方式、提升禁毒社会服务水平的有力手段，是推进毒品问题治理体系和治理能力现代化的必然要求。

二、我国禁毒社会工作队伍发展概况

我国禁毒社会工作队伍建设的实践始于 2003 年，随着禁毒工作社会化进程逐步发展壮大。最初，禁毒社会工作者主要协助有关职能部门落实戒毒措施，开展戒毒康复人员在执行期间的定期尿检、日常访谈、政策宣传等工作。随着工作要求和能力的提升，禁毒社会工作者不断拓展工作领域，丰富工作手段，在戒毒康复人员及其家庭成员的访谈教育、行为转化、情绪疏导、矛盾化解等方面做了大量卓有成效的工作，为社区戒毒社区康复人员修复家庭关系、改善生活环境等发挥了重要作用。目前，禁毒社会工作者积极发挥政府部门与服务对象之间的桥梁作用，在做好协助管理和帮扶救助工作的同时，还承担了部分涉及戒毒康复人员的法制宣传、政策咨询、舆论引导、权益维护等工作。

国家禁毒办有关资料显示，截至 2016 年，全国已建设禁毒社会组织 700 余家，发展禁毒社会工作者2.9万名。上海、江苏、浙江、广东等地通过政府购买项目方式，培育带动"中致社""自强社""联众社"等一批具有一定规模和社会影响力的禁毒社会服务机构。湖北、贵州、宁夏等地通过政府购买岗位方式，打造了一批以"戒毒中心社区""阳光工程""绿荫工作室"为代表的禁毒工作品牌。

三、禁毒社会工作者的职责任务

《关于加强禁毒社会工作者队伍建设的意见》（禁毒办通〔2017〕2号）第二部分明确了禁毒社会工作者的职责任务：

（一）提供戒毒康复服务。调查了解戒毒康复人员行动趋向、生活状况、社会关系、现实表现等情况，开展戒毒康复人员心理社会需求评估；为戒毒康复人员提供心理咨询和心理疏导、认知行为治疗、家庭关系辅导、自我管理能力和社会交往能力提升等专业服务；帮助戒毒康复人员调适社区及社会关系，营造有利于戒毒康复的社会环境。开展有利于戒毒康复人员社会功能修复的其他专业服务。

（二）开展帮扶救助服务。为戒毒康复人员链接生活、就学、就业、医疗和戒毒药物维持治疗等方面的政府资源与社会资源。组织其他专业力量和志愿者为戒毒康复人员及其家庭提供服务，协助解决生活困难，提升生计发展能力，改善社会支持网络，促进社会融入。

（三）参与禁毒宣传教育。参与组织禁毒宣传活动、普及毒品预防和艾滋病防治等相关知识、宣传禁毒政策和工作成效，增强公民禁毒意识，提高公民自觉抵制毒品的能力。倡导禁毒社会工作理念，减低并消除社会歧视与排斥。

（四）协助开展有关禁毒管理事务。协助开展吸毒人员排查摸底工作；协助建立相关档案资料，做好工作台账，对工作对象的戒毒康复情况进行定期评估。协助做好强制隔离戒毒人员出所衔接，督促、帮助社区戒毒社区康复人员和戒毒药物维持治疗人员履行协议，努力减少现实危害。发现社区戒毒社区康复人员拒绝报到或严重违反协议的、参加戒毒药物维持治疗人员严重违反治疗规定的，向乡镇（街道）禁毒工作机构报告，协助收集提供有关材料。

四、禁毒社会工作的服务理念

尊重、接纳、真诚、保密、平等、个别化、非评判

五、禁毒社会工作的服务方式

禁毒社会工作的服务方式一般包括个案辅导、小组工作、社区工作、外展服务、资源整合等五种服务方式。个案辅导，是禁毒社会工作者遵循基本的价值理念，在咨询、探访、支持、辅导、互动等多种形式下，全面了解服务对象及家庭的现状和需求，为其提供支持，同时帮助服务对象及家庭减轻压力、解决问题、挖掘潜能、助其改变，不断提高个人和社会的福利水平。小组工作，就是小组工作者按照一定的目标，通过小组、讲座、工作坊等，以小组进行支持性环境的创建，在为组员提供人际交往机会的同时，给组员带来信息的分享、情绪的疏导、技能的学习、心理上的支持和实际的帮助等。社区工作主要是为服务对象营造支持性的社会环境。外展服务主要是通过卫生保健、疾病预防、材料发放等宣传和行为干预工作，建立有益健康的生活环境，增进和维护全体社会成员的健康。资源整合主要是通过禁毒社会工作者的作用，整合一切可利用的资源（如政策扶持、企业或个人捐赠、就业指导培训等），为服务人群提供支持，提供机会，帮助其恢复健康，融入社会。

第六单元
毒品预防中的其他方案

第一章　理论知识

毒品预防是一项社会工程、系统工程，需要国家机关、社会组织和团体、企事业单位、学校、家庭、公民等积极参与，大力宣传毒品危害和预防知识，在全社会形成远离毒品、珍爱生命的风气。禁绝毒品和我们每个人都息息相关，关乎着中华民族的伟大复兴。本章重点就毒品预防中的其他方案进行讲解。

一、公民主动识毒拒毒方案

2015 年，在国际禁毒日到来之际，习近平总书记在会见全国禁毒工作先进集体代表和先进个人时强调，禁绝毒品，功在当代、利在千秋。要从广大人民群众教育和防范抓起，让广大人民群众积极追求健康文明的生活方式。可见，每一位公民都应树立起自觉预防毒品的意识，清醒认识毒品危害，积极主动参与到国家禁毒工作中来，自觉同毒品违法犯罪行为做斗争。

（一）毒品对人的生理心理危害

毒品给吸毒人员的生理造成了较大程度的损害，常见的有：记忆力下降、免疫力降低、牙疼、头疼、视力下降、性功能障碍、心脑血管损害、呼吸道疾病等。吸毒人员免疫力差，容易患上各类传染性疾病，主要有流感、性病、肺结核、丙型肝炎、乙型肝炎等。毒品长时期地影响着吸毒人员的身体健康，同时也给其带来了心理损害，常见的心理问题有暴躁、多疑、偏执、抑郁、幻觉、敌视等。

毒品使吸毒人员的大脑神经功能受到严重损伤，严重地影响其生理机能和思维、情绪、行为的正常模式，对吸毒人员的免疫力、记忆力、意志力、持久力等都具有明显的破坏作用，使吸毒人员具有身体和心理双重"病人"身份。吸毒人员普遍患有疾病，且同时患有多种疾病；多数人存有不同程度的心理问题，甚至患有严重的精神疾病。总体而言，吸毒人员患病率高，患病情况复杂，医治难度大。吸毒还会造成肝炎、结核、性病、艾滋病等多种传染性疾病的传播，给传染性疾病预防带来很大困难。有些损害会长期伴随着吸毒人员，为了减轻身体疼痛和满足心瘾，又借助毒品来麻醉，从而陷入吸毒的恶性循环，难以自拔。

案例：

汪某，很早就是"瘾君子"了，曾多次因吸食毒品被公安机关处理。因长期吸毒，其脾气变得暴躁，严重时出现了被害幻想症。一次，为获取毒资，和家里人大吵了一架，摔门而去。下午6时许，携带匕首、剪刀回家，行至一家商店时，恰好碰见其母亲骑电动车路过。此时，汪某突然手持匕首向其母亲追去，并嘴里喊着："我要杀了你！"幸亏其母亲加速行驶才未被追上。随后，到了其居住的村口时，正好看见7岁的女儿在玩耍。气急败坏的汪某手持匕首、剪刀朝女儿刺去，造成其女儿身体多处被刺伤，后因失血过多当场死亡。汪某因故意非法剥夺他人生命，被法院判处死刑，缓期两年执行，剥夺政治权利终身。

（二）吸毒带来的经济成本

吸毒人员在吸毒期间的经济成本包括直接经济成本和间接经济成本。直接经济成本包含吸食毒品费用、因吸毒贩毒罚款、因吸毒娱乐消费、因吸毒身患疾病治疗费用等四项内容。隐性经济成本是最容易忽略的成本，包含因吸毒拘留、强戒、判刑期间损失的收入，因吸毒事业生意中断的经济损失，因吸毒丢失工作，人际交往与就业受歧视等四项内容。据对某戒毒所715名戒毒人员调查，因吸毒娱乐消费人均支出31.5万元，吸食毒品费用人均支出26.6万元，因吸毒贩毒罚款人均2万元，16.1%的戒毒人员因吸毒身患各类重大疾病，疾病治疗人均支出0.34万元。因吸毒拘留、强戒、判刑期间损失的收入人均达到了22万元，21.4%的戒毒人员因吸毒造成事业、生意中断，人均损失6.9万元，23.2%的戒毒人员因吸毒而丢掉工作，86.4%的戒毒人员在人际交往与就业等社会生活中受到不同程度的歧视。同时，在 715 名戒毒人员中，从年龄结构来看，26－45 岁的青壮年群体占到了 76.4%，吸毒造成了主要劳动力大量流失，给经济发展带来了很大的劳动力成本。

从统计数据可以看出，吸毒人员在吸毒期间，直接经济成本人均达到了 60.44 万元，可量化的隐性经济成本人均达到了 28.9 万元，因吸毒失业、在人际交往与就业等社会生活中受歧视等造成的损失更难以计算。根据国家统计局发布的《2016 年国民经济和社会发展统计公报》显示，2016 年全国居民人均可支配收入为 23821 元，吸毒人员人均吸毒成本是其近 38 倍。"一人吸毒，全家遭殃"，吸毒人员毒瘾较重时，常常采取各种手段向家人、亲戚、朋友骗取钱财购买毒品，从而挥霍掉整个家庭积累的财富。由此可见，吸毒耗费了巨额社会财富，再加上国家在禁毒、戒毒和解决吸毒伴生的公共卫生问题等的直接投入，付出的经济成本是非常庞大的。

案例：

祝某，大学毕业后在一家医院从事后勤工作，后辞职开始自主创业。经过几年的摸爬滚打，创立了一家规模较大的经营消防设备的公司，生意上的应酬越来越多。在一次聚会上，一个朋友拿出了冰毒。在朋友的蛊惑下，祝某借着酒劲开始吸了第一口。此后，每到闲暇时，祝某就约上几个朋友一起吸，他觉得钱不是问题，一次三千五千的东西都无所谓。随着毒瘾越来越大，他已无心照料公司，几乎每天和朋友泡在宾馆、KTV 等场所"鬼混"，还迷上了网络赌博，越赌越输、越输越赌。最后，祝某在宾馆吸毒时，被公安机关抓获并决定强制隔离戒毒两年。祝某自从染上毒瘾以后，公司关门倒闭，前后花掉了三四百万，将全部积蓄花了个底朝天，还欠了很多外债，终于败在了"毒魔"下。

（三）公民要学会识毒拒毒

首先，要坚决对毒品说"不"，在毒品面前提高警觉，与吸毒行为划清界限。其次，对吸毒违法行为要敢于举报、揭发，自觉同吸毒违法行为做斗争。《中华人民共和国禁毒法》第 9 条规定，国家鼓励公民举报毒品违法犯罪行为。各级人民政府和有关部门应当对举报人予以保护，对举报有功人员以及在禁毒工作中有突出贡献的单位和个人，给予表彰和奖励。第三，积极参加禁毒志愿者活动，走进学校、社区，向身边人宣讲毒品危害，宣传毒品预防知识。《中华人民共和国禁毒法》第10条规定，国家鼓励志愿人员参与禁毒宣传教育和戒毒社会服务工作。地方各级人民政府应当对志愿人员进行指导、培训，并提供必要的工作条件。第11条规定，国家采取各种形式开展全民禁毒宣传教育，普及毒品预防知识，增强公民的禁毒意识，提高公民自觉抵制毒品的能力。国家鼓励公民、组织开展公益性的禁毒宣传活动。

二、吸毒人员提高戒断率方案

《2016年中国毒品形势报告》指出，当前，我国毒情呈现出合成毒品滥用规模居首位、新精神活性物质问题突出、利用互联网贩毒快速蔓延等诸多特点。截至2016年底，全国累计发现、登记吸毒人员250.5万名，全国查获复吸人员60万人次。按照国际通用的"一个显性吸毒者背后有4－7个隐形吸毒人员"的规律推算，实际吸毒人数超过1000万。提高吸毒人员的戒断率、降低戒毒人员复吸率是摆在禁毒戒毒工作面前的一大难题，是检验禁毒戒毒工作成效的最终标准，也是一项社会系统工程，需要各禁毒部门和相关社会组织、家庭齐心协力、齐抓共管。

（一）吸毒人员复吸原因分析

吸毒人员复吸有多种原因，其中自身内在原因是复吸的根本所在。据对某戒毒所120名复吸的戒毒人员调查分析，造成吸毒人员复吸的主要原因有：

1. 滥用毒品情况复杂。复吸人员既有吸食海洛因、大麻等传统毒品的，也有吸食冰毒、摇头丸、K粉（氯胺酮）等新型毒品的，很多人同时吸食两种以上毒品，呈现出吸食种类多、吸食频率高的显著特征。复吸人员在长期吸食阿片类与合成毒品后，导致大脑相关神经部位出现功能和形态的适应性改变，造成中枢神经系统的功能紊乱，使依赖毒品程度加深。据统计，23%的复吸人员对毒品生理依赖很强。复吸人员普遍吸毒成瘾时间长，65%的人员吸毒史在5年以上，其中30%的人员吸毒史在 10 年以上，而在所的全部戒毒人员中吸毒史在 5 年以上的仅占到 14.6%，吸毒史在 10 年以上的仅占到 3.5%。由此可见，戒毒人员中吸毒成瘾时间在 5 年以上的绝大多数都是复吸人员。

2. 戒毒意志力差。吸毒人员戒除毒瘾难的根本在于内在原因，也即毒品的致放松或兴奋作用及机体对毒品所产生的心理依赖。多数复吸人员戒毒意愿不强烈，一半左右的人员解除初期戒毒意愿很强烈，后期却逐渐减弱，导致保持操守时间短。据调查统计，初次被强制隔离戒毒的人员主要是由于各种心理因素而复吸的，有的人员借助毒品缓解心理压力，有的为寻求精神刺激，有的在遭受挫折后为逃避生活选择复吸，有的抱有侥幸心理而复吸，还有的人员自暴自弃，持"破罐子破摔"的生活态度。在心理和社会负面因素的共同作用下，复吸人员戒毒意志不坚定，意愿不强烈，或者时紧时松，尤其在遭受生活压力时，面对毒品的诱惑最终选择了复吸。

3. 毒友圈难脱离。吸毒人员，包括被强制隔离戒毒后回到社会中的戒毒人员，由于因吸毒带来的自卑感强烈而隐蔽、内心孤独，在人际交往中受到歧视和冷落，导致其很难融入新的朋友圈。在经过正常交友失败后，不愿和正常人交朋友，只能融入原来的毒友圈子和旧的吸毒环境。从调查情况可以看出，复吸人员的吸毒朋友平均数量高达 4 人，78.3% 的复吸人员解除后和毒友都保持着联系，在潜移默化中很容易被同伴所同化，走上复吸道路。在面对交友挫折和歧视以及毒友诱惑的情况下，如何采取约束措施减少或杜绝与吸毒朋友的往来是防止复吸的重要手段。

（二）如何提高吸毒人员的戒断率

1. 构建大禁戒毒工作格局。为有效降低吸毒人员的复吸率，构建起大禁戒毒工作格局，由各级禁毒委牵头，整合公安、司法行政、卫生、民政、教育等禁毒成员单位的力量，建立联席工作机制，强化禁毒职责，加强社区戒毒社区康复组织建设。对解除的戒毒人员、在册的吸毒人员强化动态监督、防复吸帮戒、义工服务等工作，利用"互联网＋"、大数据等技术，对吸毒人员实行动态管控、跟踪式链条式防复吸指导。据调查，强制隔离戒毒人员回归社会后的三个月到一年之间的时间段是复吸爆发的集中期，应重点加强这一重要时间段和节点、重点活动区域的动态防复吸管控，使其顺利渡过风险期。进一步完善后续照管机制，建立"司法行政强制隔离戒毒——社区戒毒社区康复"协作机制，使两种戒毒方式有效衔接、互联互通，探索将解除的戒毒人员纳入禁毒戒毒志愿者、义工队伍，使其主动参与禁毒戒毒宣传。

2. 加大吸毒成本公共宣传。社会大众对吸毒成本缺少系统性认识，对吸毒的直接与间接经济成本、身体健康成本、家庭伤害和社会危害成本缺少全面考量，对毒品危害认识不深刻。当前，全国实际吸毒人数超过1000万。面对如此庞大的吸毒人群，要特别加强对吸毒成本和吸毒危害的公共宣传教育，使大众在毒品面前考量各种成本，从而不敢吸毒、恐惧吸毒。尤其加大在青少年群体等易感人群中的宣传教育，建立禁毒戒毒教育基地，形成常态化的宣传教育机制。创新禁毒戒毒宣传教育形式，充分利用新媒体、新平台、新手段，以动漫、微电影等群众喜闻乐见的形式，宣传吸毒的巨大成本和危害，提升禁毒戒毒宣传实效，在全社会形成自觉抵御毒品的风气。

3. 加大专业化戒毒力量建设。壮大专业化帮戒力量。根据吸毒人员戒治需要，吸收高校、科研机构、社会医院及戒毒志愿者等综合性力量，对强制隔离戒毒人员、社区戒毒社区康复人员进行生理、心理康复指导。通过制订医疗介入、心理矫治、身体康复等戒治方案，设计长期性的、专业化的参与和社会帮戒措施，逐步帮助戒毒人员消除"心瘾"。建立一批戒毒康复场所。坚持"自愿性、公益性、就业性"的工作原则，国家建设了一批集康复、劳动、就业于一体的吸毒人员戒毒康复所，采取契约管理方式，通过提供教育矫治、身体康复、技能培训、就业指导、临时安置、社会训练等一系列专业的戒治措施，为吸毒人员戒除毒瘾、顺利回归社会发挥"中途岛"和"安全区"的作用。

案例：

李某，曾因吸毒被强制隔离戒毒两年。在戒毒所内，其被孝道文化教育所感化，不仅认清了毒品对自己身体和心理上造成的伤害，而且认识到愧对父母的养育之恩。同时，开始潜心学习研究传统文化，两年的时间把图书室的传统文化书籍翻看了一遍。李某回归社会后，某传统文化教育培训机构极力邀请他加入到讲师队伍中，把他的亲身经历和在传统文化方面的所学传播给更多的人。现在，李某已成为该机构的金牌讲师，每天要上6个小时的课程，还成为一名禁毒志愿者，经常参加社会禁毒宣传，传播禁毒正能量。

第二章　实训

实训一：《中华人民共和国禁毒法》中与公民相关的条文有多少？

目的：使成人对《中华人民共和国禁毒法》有全面深刻的了解，培养法制意识。如果个人没有发生吸毒行为，但直接或间接地帮助他人吸毒，同样要承担法律责任。

形式：个人通过实体书店或互联网查阅相关法律条文。

内容：《中华人民共和国禁毒法》中明令禁止的个人行为绝不能碰，法律鼓励的行为要积极履行。

参考法律条文：

《中华人民共和国禁毒法》中有关公民个人的法律责任条款如下：

第六十条 有下列行为之一，构成犯罪的，依法追究刑事责任；尚不构成犯罪的，依法给予治安管理处罚：

（一）包庇走私、贩卖、运输、制造毒品的犯罪分子，以及为犯罪分子窝藏、转移、隐瞒毒品或者犯罪所得财物的；

（二）在公安机关查处毒品违法犯罪活动时为违法犯罪行为人通风报信的；

（三）阻碍依法进行毒品检查的；

（四）隐藏、转移、变卖或者损毁司法机关、行政执法机关依法扣押、查封、冻结的涉及毒品违法犯罪活动的财物的。

第六十一条 容留他人吸食、注射毒品或者介绍买卖毒品，构成犯罪的，依法追究刑事责任；尚不构成犯罪的，由公安机关处十日以上十五日以下拘留，可以并处三千元以下罚款；情节较轻的，处五日以下拘留或者五百元以下罚款。

第六十二条 吸食、注射毒品的，依法给予治安管理处罚。吸毒人员主动到公安机关登记或者到有资质的医疗机构接受戒毒治疗的，不予处罚。

第六十三条 在麻醉药品、精神药品的实验研究、生产、经营、使用、储存、运输、进口、出口以及麻醉药品药用原植物种植活动中，违反国家规定，致使麻醉药品、精神药品或者麻醉药品药用原植物流入非法渠道，构成犯罪的，依法追究刑事责任；尚不构成犯罪的，依照有关法律、行政法规的规定给予处罚。

第六十四条 在易制毒化学品的生产、经营、购买、运输或者进口、出口活动中，违反国家规定，致使易制毒化学品流入非法渠道，构成犯罪的，依法追究刑事责任；尚不构成犯罪的，依照有关法律、行政法规的规定给予处罚。

第六十五条 娱乐场所及其从业人员实施毒品违法犯罪行为，或者为进入娱乐场所的人员实施毒品违法犯罪行为提供条件，构成犯罪的，依法追究刑事责任；尚不构成犯罪的，依照有关法律、行政法规的规定给予处罚。

娱乐场所经营管理人员明知场所内发生聚众吸食、注射毒品或者贩毒活动，不向公安机关报告的，依照前款的规定给予处罚。

实训二：面对毒品诱惑，如何拒毒？

导入部分：有一个高三学生，为了考上好大学，每天学习到很晚，感觉很疲惫，无精打采。这时，有人拿来一点"白粉"，告诉他："吸了这个就能精神百倍地学习。"这个学生信以为真，就吸了。结果，没有几次便染上了毒瘾，不仅学习成绩一落千丈，身体也全垮了，最后没有考进理想的大学，而是进了戒毒所。还有一名年仅18岁的吸毒者说："我根本不知道什么是毒品，没有人告诉我毒品有多可怕，我认为吸毒和吸烟一样。"

提问：假如面对毒品诱惑，你该如何应对？该如何脱离毒品的魔爪？

以下是正确拒绝毒品的技巧，以供参考。

1. 杜绝被好奇心所驱使。毒品有时会穿上漂亮的外衣，有些居心叵测的人会说这不是毒品，而是兴奋剂、兴奋药等，或者会说，这种毒品是新产品，不会上瘾。很多人就怀着"抽着玩玩""试一试""尝新鲜"的念头踏上了吸毒不归路。对这些说辞要有正确的识别能力，坚决不吸第一口，避免被好奇心、从众心理所毒害。毒品都会使人上瘾，都会造成对身体和社会的危害，否则国家也不会通过法律来强制管理。

2. 时刻告诫自己，"一日吸毒，终身戒毒"，吸毒必然毁灭一生。只要沾染了毒品，人生的大好时光将被"毒魔"所控制，如果没有足够坚强的毅力，很难摆脱"毒魔"的控制。通过报刊电视等媒体经常看到某种特殊职业的人，如医生、警察、记者，不相信毒品的成瘾如此巨大而尝试挑战，结果多数都未能逃脱毒品的控制。

3. 切勿盲目追求时髦。有的人把吸毒视为时尚，认为吸毒可以炫耀财富，现在有钱人都吸毒。甚至有的人编造出"吸毒可以减肥""吸毒可以增强性能力"等谎话。实际情况是，吸毒不仅损害身体健康，还摧残人的意志。针对他人以"赶时髦"为名义的引诱，要坚定直接地拒绝。

4. 正确调适心理压力。现实生活中，很多人会遭遇失恋、夫妻感情不和、父母离异、事业受挫、失业待业等负面性事件。有些人因承受不住各方面的压力，便借助毒品来麻醉自己，结果掉进万丈深渊不能自拔。要通过合法、合理、健康的渠道释放压力、宣泄情绪，正确对待生活中遇到的挫折，养成健康文明的生活方式。

5. 建立积极健康的朋友圈。古人云："近朱者赤，近墨者黑。"大多数吸毒者第一次吸毒的毒源是"朋友"。许多吸毒的人都说："我是看见朋友吸，自己才吸的。""他们吸都没事，我就尝一点，以为不会出问题的。"因此，决不能结交有吸毒、贩毒行为的人。如发现亲朋好友有吸、贩毒行为的，一要劝阻，二要远离，三要报告公安机关。这不仅仅是为了保护你自己，也是为了保护家人和朋友。

第七单元
"毒品—艾滋病"预防教育策略

一、什么是艾滋病

艾滋病全称为获得性免疫缺陷综合征，由感染艾滋病病毒（HIV 病毒）引起。该病毒攻击人体免疫系统导致被感染者免疫功能的部分或完全丧失，感染此病后，人体会易于感染各类疾病，并可发生恶性肿瘤，病死率较高。

1985 年，一位到中国旅游的外籍人士患病入住北京协和医院后很快死亡，后被证实死于艾滋病，这是我国第一次发现艾滋病病例。截至 2017 年 3 月 31 日，全国报告现存活艾滋病病毒（HIV）感染者 691098 例。近几年，我国艾滋病情况严峻。

二、毒品与艾滋病的关系

毒品与艾滋病本身并无联系，但是大量的事实及数据证明，吸毒与艾滋病流行之间有着非常密切的关系。艾滋病的传播途径主要有三种，第一，母婴垂直传播；第二，性传播；第三种，输血注射途径。除第一种传播途径外，第二种、第三种艾滋病传播途径会随着吸毒者数量的增加而成几何状增长。

越来越多的人采用静脉注射方式吸毒，导致乱用注射器的情况大规模发生。注射器内残留的血液、未经消毒的针头，都是艾滋病传播发生的温床。据报道，美国纽约州 1987 年至 1989 年静脉吸毒者感染艾滋病率上升了 29%。1991 年至 1993 年有 52% 的静脉吸毒者感染上了艾滋病病毒。

案例：

戒毒人员李某，吸食海洛因 10 年，静脉注射 4 年，被送至强制隔离戒毒所查体时发现感染艾滋病。李某告诉警察，自己一开始注射时，非常小心，从不用使用过的针头，但是随着毒瘾的加剧，经济越来越拮据，毒瘾发作越来越频繁，他经常会顾不得购买新的注射器，往往是拿到毒品后，随便拿起一个注射器便开始注射。为了获得更大的快感，他会往注射器里倒抽血液，用血液溶解掉毒品，然后再注射。疾控中心的人员告诉笔者，类似的因静脉注射吸食毒品感染艾滋病的人不在少数，而且，这种使用公用针头和注射器的方法，艾滋病感染率几乎是 100%。

近年来，新型毒品的滥用导致艾滋病传播加剧。新型毒品使用者多为年轻人，本身处于性活跃期，同时新型毒品会诱发使用者的性冲动，增强使用者的性能力，从而导致使用者发生性行为的可能性大大增加。据统计，使用新型毒品后，兴奋感、发泄欲和性冲动等药效反应出现的比例高达 53.7%。同时，新型毒品大多有致幻的功能，在致幻功能的催化下，使用新型毒品后的吸毒者性伙伴变得随意、不固定且复杂，导致滥交现象大规模发生，加剧了艾滋病的传播。

三、针对吸毒者，如何防止艾滋病传播

（一）戒毒

从根本上杜绝艾滋病在吸毒人群中传播的方法就是戒毒。毒瘾戒除，伴随毒瘾而产生的可能感染艾滋病的途径也就随之消失。

案例：

山东省鲁中强制隔离戒毒所—惠民县社区戒毒社区康复工作人员深入村镇和街道，对鲁中所惠民籍戒毒人员和当地社区戒毒人员进行了家访，了解他们的家庭情况，深入挖掘吸毒内因。并二次来到社区康复人员马某的餐饮店中，帮助化解父子矛盾，修复破损的家庭关系。鼓励马某家人对戒毒人员要树立信心，掌握科学的防复吸方法，营造良好的家庭环境，共同努力帮助其早日戒除毒瘾，回归正常生活。

（二）使用替代药物

对于传统毒品的吸食者来说，使用药物替代戒毒的方法可以有效地缓解急性脱毒期的身体不适症状。国际通用的替代药物为美沙酮和丁丙诺啡，我国采用的是社区药物维持治疗，使用的药物是美沙酮。社区药物维持治疗始于 2004 年 2 月，是政府批准实施的戒毒方法。

（三）使用洁净的一次性针具

在不能戒除毒瘾的情况下，针对通过静脉注射吸毒人员而言，使用清洁的一次

性针具能够有效避免因交叉使用不洁净的针具而产生的艾滋病感染。目前，我国已在一些地市尝试开展免费为吸毒者提供清洁针具。一般要求注射吸毒者拿用过的不洁注射器到针具交换点换取已经消毒的或新的注射器。

案例：

戒毒人员阿九，24 岁，父亲早亡，母亲改嫁，自幼与爷爷奶奶生活在一起。阿九初中辍学，外出打工，经不住朋友引诱沾染上毒品，后发展至注射吸食。"毒瘾上来以后，我根本顾不得针具被多少人用过，拿来就用。"因为多次滥用针具，被送至戒毒所的阿九查出感染艾滋病病毒。

（四）使用安全套：这是控制艾滋病通过性传播的重要手段。

案例：

戒毒人员王某，27 岁，曾经家庭幸福，事业有成。偶尔的一次机会，他接触到了冰毒。王某说："冰毒不菲的身价和给我带来的放纵的性爱正好迎合了我追求刺激的心理。"后因吸毒被行政拘留 15 天。后复吸，"那一次复吸，让我找到了久违的感觉，在白色的烟雾之中，我开始渐渐地迷失自己，吸毒和性爱构成了我生活的全部。"因吸毒第二次被抓后，送至强制隔离戒毒所戒毒，"就在这时，我被告诉感染了 HIV 病毒。晴天霹雳！出来混迟早要还的！"王某后悔莫及。

（五）推广艾滋病自愿咨询检测

艾滋病自愿咨询检测是及早发现艾滋病病毒感染者和艾滋病病人的重要方法。在药物滥用人群中推广艾滋病自愿咨询检测，有助于遏制艾滋病的蔓延。

（六）加大艾滋病宣传力度

通过各种方式加大艾滋病宣传力度，使人们建立起对艾滋病的正确认识的同时着重对吸毒者宣传艾滋病的危害及预防措施，使尽可能多的吸毒者不因无知而感染艾滋病。

案例：

2016 年 12 月 1 日，是第 28 个"世界艾滋病日"，山东省鲁中强制隔离戒毒所开展艾滋病宣传活动，在吸毒人员中开展艾滋病宣传教育。

此次活动的主题是"行动起来，向'零'艾滋迈进"。为体现合力抗艾、共担责任、共享未来的美好愿景，鲁中强制隔离戒毒所深入结合主题内容，积极开展各项宣传活动。

活动当天，鲁中强制隔离戒毒所向每名戒毒人员发放了《艾滋病防治知识读本》《行动起来，向"零"艾滋迈进》等宣传手册，使戒毒人员了解艾滋病的流行现状和巨大危害，掌握预防性病与艾滋病等的相关知识。制作艾滋病相关宣传板10块、黑板报10块，组织各大队戒毒人员观看展览，做到入心入脑，明确了艾滋病离我们并不遥远，只有凝聚共识、合力抗艾，才能共建美好家园。同时，邀请山东省监测治疗所王元福院长给戒毒人员讲授"艾滋病防治"知识。王院长介绍了当前艾滋病的现状、传播途径和防治政策措施，指出毒品与艾滋病的紧密关系，呼吁戒毒人员要洁身自好、警钟长鸣，不越雷池一步，做对家庭、社会有用之人。

第八单元
参与性教育方法

参与性教育方法又称参与式教学，是指全体师生建立民主、和谐、热烈的教学氛围，让不同层次的学生都拥有参与和发展机会的一种有效的学习方式，是一种合作式或协作式的教学法。

这种方法以学习者为中心，充分运用灵活多样、直观形象的教学手段，鼓励学习者积极参与教学过程，成为其中的积极成分，加强教学者与学习者之间的信息交流和反馈，使学习者能深刻地领会和掌握所学的知识，并能将这种知识运用到实践中去。

毒品预防教育需要我们从自身做起，了解更多的与毒品有关的知识，掌握更多的防毒拒毒技巧，身体力行地参与禁毒戒毒宣传活动。

第一章　参与禁毒戒毒宣传

1987 年，联合国在维也纳召开麻醉品滥用和非法贩运问题部长级会议，会议提出了"爱生命，不吸毒"的口号，并同意将 6 月 26 日定为"国际禁毒日"。每年"6.26"国际禁毒日前后，各级政府、组织、相关单位都会通过报刊、广播、电视等新闻媒介及其他多种形式集中开展禁毒戒毒宣传活动。

我们在对毒品了解不深的情况下可以只在形式上参与毒品预防教育，参加各级政府、组织、相关单位等部门组织的禁毒戒毒宣传活动，帮助其向社会大众发放相关宣传材料，签署禁毒意向宣言，广泛宣传党和国家的禁毒方针政策及相关法律，宣传禁毒的重大意义和吸毒、贩毒的危害性，不断提高人们防毒、识毒、拒毒的自我保护意识。

一、禁毒决心签名

许多禁毒戒毒宣传活动中均有签名环节，组织者会呼吁广大市民认清毒品对个人、对家庭、对社会的危害，学习识毒、禁毒、防毒、戒毒等知识，提高自我防范能力和意识，并组织参加活动所有人员在"珍爱生命　远离毒品""禁毒防毒众志成城"之类禁毒宣传标语的条幅上签名，以表达坚决抵制毒品侵蚀的决心和履行责任、共同践行禁毒戒毒使命的担当。

二、宣传材料派单员

在各级政府、单位组织的禁毒戒毒宣传活动中，主办者往往也会准备一些《戒毒工作宣传册》《"远离毒品，共创和谐生活"倡议书》等禁毒戒毒宣传材料，我们可以主动去阅读这些材料，并协助发放，让更多的居民、群众深刻地认识到"毒品"这一社会公害给个人、家庭、社会带来的危害，增强识毒、防毒、拒毒意识和能力。

三、参加骑行团、慢跑团等禁毒宣传团体

许多禁毒戒毒志愿者们会根据自己的兴趣爱好建立不同的禁毒戒毒宣传团体，比如禁毒奔跑团、禁毒骑行团等，在发展兴趣爱好的同时不忘禁毒戒毒宣传工作。既能培养健康的兴趣爱好，又能做到禁毒戒毒公益服务。我们可以加入到自己感兴趣的团体中去，或是联合具有共同爱好的伙伴们成立新的禁毒戒毒宣传团体，在发展兴趣的同时进行毒品预防教育宣传。

第二章　深入了解毒品常识

我们在学校、社区、社会上参与一定的禁毒戒毒宣传后会掌握一定的毒品相关知识，对毒品的种类、危害及预防技巧有一定的了解。如何能够更深入地了解毒品，加深对毒品的危害认知，还可以通过以下活动进行强化。

一、设计禁毒宣传板报

禁毒宣传板报可以从以下几个方面进行设计：什么是毒品？毒品危害有哪些？如何拒绝第一口毒品？

我们可以从公安司法行政机关、新闻、报纸、网络等渠道了解相关信息，进行知识学习，进而优化信息选择，经过精心编排，最终定稿呈现给大众。

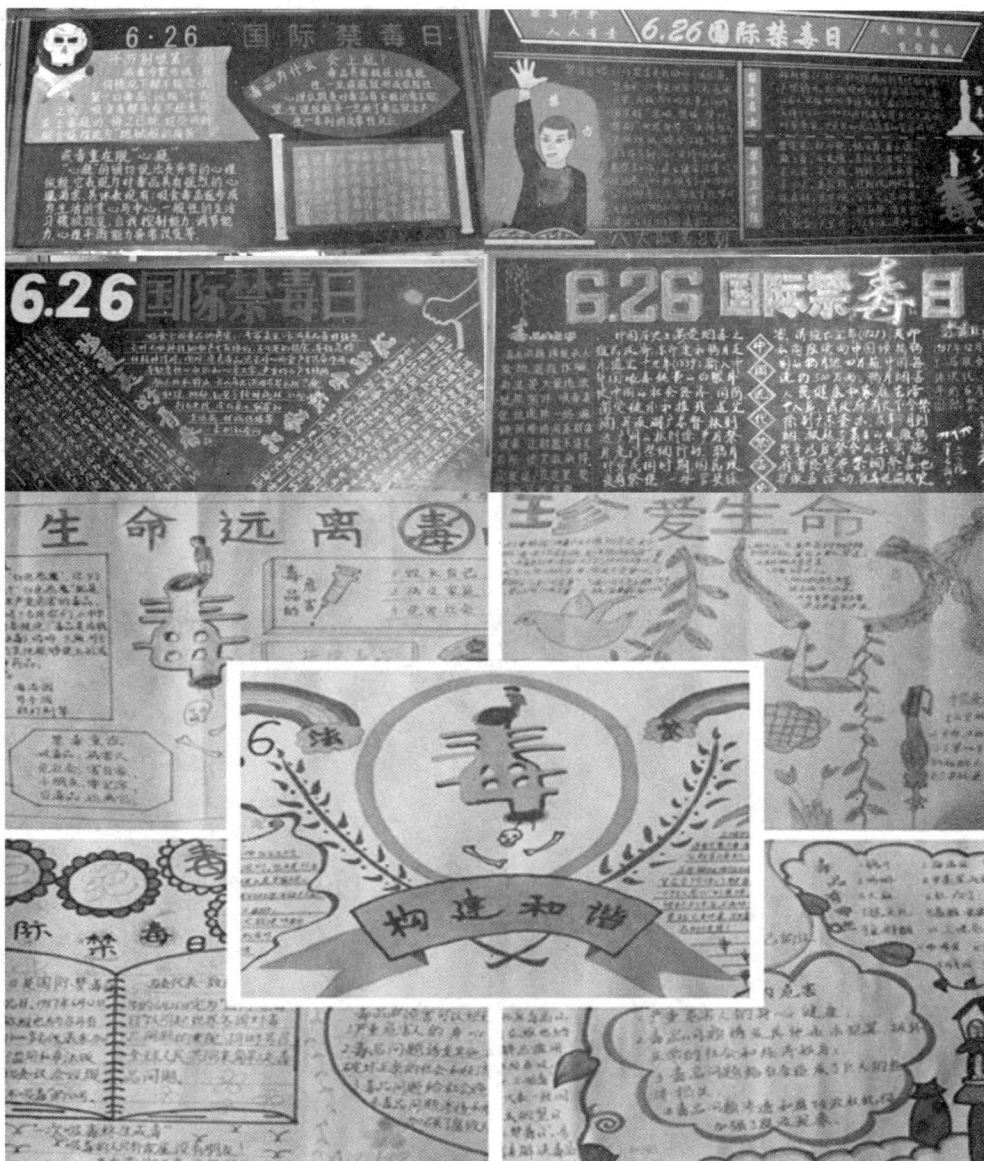

二、参与禁毒知识竞赛

为进一步加强毒品预防教育工作，有效遏制毒品滥用问题，各级政府或相关组织会针对不同人群举办禁毒知识竞赛活动。我们可以积极准备，踊跃参加。竞赛内容一般包括我国禁毒工作方针政策、禁毒法律法规、禁毒历史、毒品知识、毒品危害、防毒技巧、毒情形势、国际相关禁毒公约等。

三、参加禁毒辩论赛

2017 年，国家禁毒办举办了"2017 年全国首届大学生禁毒辩论赛"，旨在教育、引导大学生学习禁毒知识，了解毒品危害，树立健康向上的生活理念，提高防毒拒毒意识，从源头上预防和遏制青少年涉毒问题，并以此动员在校大学生关注禁毒工作，积极参与禁毒斗争，不断推动大学生禁毒志愿者队伍建设，为深入推进禁毒人民战争奠定坚实的基础。

辩题举例

正方	辩论会	反方
内容更重要	毒品预防教育	形式更重要
利大于弊	戒毒替代疗法	弊大于利
需要	禁毒工作社会化	不需要
是	公民是否需要积极参与 禁毒志愿活动	否

四、观看禁毒电影，撰写相关影评

电影是广大人民群众喜闻乐见的艺术形式，为拓展禁毒宣传教育的参与面和受众面，进一步提高人民群众识毒、拒毒、防毒意识和参与禁毒工作的热情，国家各级禁毒组织会制作一些微电影在社会传播，我们可以主动搜索进行观看。

全国禁毒微电影大奖赛获奖作品展播

（http://www.nncc626.com/20
15-09/01/c_128188040.htm）

同样在商业影片中也不乏禁毒这一元素，许多导演也把镜头对准了吸毒人员这一特殊群体。例如《门徒》这部电影讲述了警方卧底打入毒贩内部的故事，影片通过描述莽夫的堕落和人性丧失以及阿芬的悲惨命运，突出了毒品对人的身心、家庭各方面的危害。毒贩昆哥对于犯罪事实，只能通过自己说服自己来安慰自己的良心。影片最后，吴彦祖扮演的阿力对自己说："人为什么要吸毒呢？我现在才明白，是因为空虚，但是还有什么比空虚更可怕的吗？"

《梦之安魂曲》中那些吸毒场景因细节过于真实而让人难以接受，影片中的小人物们从犯上毒瘾，到戒除毒瘾，留下的除了残缺的身体还有彻底损毁的心灵，其过程之辛酸，旁观者之无情，无疑是对"美国梦"的一记重拳。

《猜火车》中马克和一群狐朋狗友过着无所事事的生活，他们坑蒙拐骗、吸毒，共同养着一个为父不详的婴儿，荒唐、堕落。直到某次吸毒的意外，婴儿死了，对马克带来很大的震撼；马克和好友土豆抢劫被抓，土豆坐牢，马克勒令戒毒。戒毒成功的马克成为房地产经纪人，开始过正常人的生活。然而，马克并没有摆脱过去的阴影，以前的朋友再次找到他，扰乱了他的生活，这使他不胜其烦，他决定彻底摆脱他们。

《线人》故事的背景设定在 1983 年的洛杉矶，在一周时间里发生的几件事互相交叉，电影制作人、摇滚明星、吸血鬼等纷纷登场，在这个充满暴力、毒品和性的世界里演绎各自不同的人生。

类似的影片还有《糖果》《逍遥骑士》《杀手莱昂》《古怪因子》《低俗小说》等等。我们可以组织熟悉的朋友们开展小型观影会，发表电影观后感或是撰写相关影评进行交流。

第三章　角色扮演训练

角色扮演可以模拟一些与真实生活情境相似的场景，带入设定的身份、角色去表演，借此深刻体会、揣摩、感受角色的情感、心态，从而深切了解毒品带给我们的危害。

一、举办小品剧会演

我们可以编排跟吸毒、戒毒有关的小品剧或心理剧，通过扮演吸毒人员或吸毒人员家属，来深切体会毒品对人类造成的危害，毒品不光危害个人的身体，还会破坏家庭和谐，影响社会稳定。

剧本一：毒品对个人的危害

搜集各种传统毒品与新型毒品的种类、特点及对人体的损害，通过小品剧的形式表现出来，从而加深我们对毒品生理危害的认知。

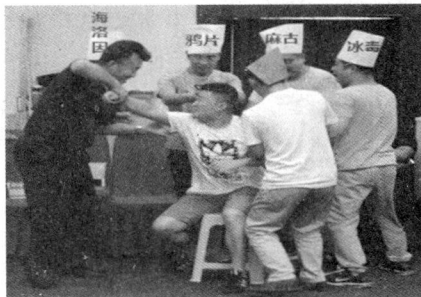

剧本二：毒品对家庭、社会的危害

通过构造一个沉迷于与毒友一起吸毒玩乐，不顾家庭、社会责任的瘾君子的故事，展现毒品对家庭社会的危害。

二、防毒拒毒情景模拟

如何提高拒毒防毒技巧，最有效的手段之一就是模拟真实情景，进行角色扮演。我们可以模拟拒绝吸毒的情景，也可以是拒绝吸烟、拒绝网络游戏的情景。

模拟情景：KTV 中，朋友诱惑吸食新型毒品。

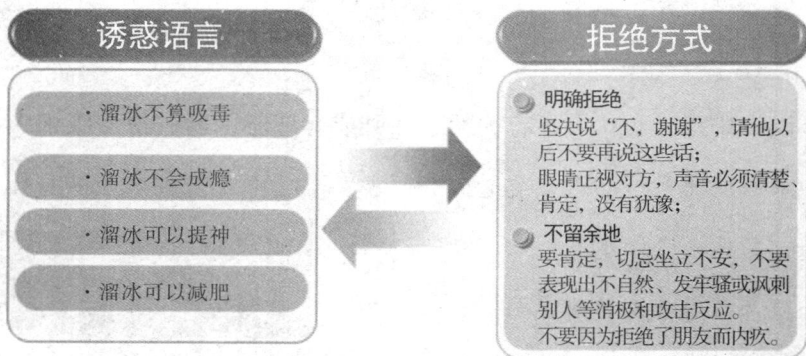

诱惑语言	拒绝方式
·溜冰不算吸毒 ·溜冰不会成瘾 ·溜冰可以提神 ·溜冰可以减肥	**明确拒绝** 坚决说"不，谢谢"，请他以后不要再说这些话； 眼睛正视对方，声音必须清楚、肯定，没有犹豫； **不留余地** 要肯定，切忌坐立不安，不要表现出不自然、发牢骚或讽刺别人等消极和攻击反应。 不要因为拒绝了朋友而内疚。

第四章　关爱戒毒人员

"纸上得来终觉浅，绝知此事要躬行"，但吸毒是万万不能以身试法，不能亲自尝试的。我们可以走到戒毒人员身边去，以他们的现身说法来加强毒品预防教育。

一、参观戒毒所，近距离了解戒毒人员

戒毒所开放日活动也是禁毒戒毒宣传教育内容之一，我们可以利用这种机会走入戒毒所内部，近距离接触戒毒人员，通过他们的讲述来了解毒品及其危害。

二、参加社会帮戒活动

戒毒工作事关国家长治久安和社会和谐稳定，事关戒毒人员家庭幸福和身心健康，需要全社会的关注和参与。我们可以通过文艺演出、艺术交流、法律顾问、心理咨询等形式，向戒毒人员传递社会各界的关爱和社会正能量，唤醒戒毒人员对家庭、对亲人、对社会的责任意识和感恩意识，增强他们的戒毒意志力。

第五章　同毒品犯罪做斗争

众所周知，吸毒、贩毒都属于违法犯罪活动，《中华人民共和国刑法》《中华人民共和国禁毒法》《中华人民共和国治安管理处罚法》都有相关的处罚规定。举报涉毒活动是我们每个公民的责任与义务，并且国家也出台了一系列奖励措施，鼓励我们同违法犯罪活动做斗争。

《山东省毒品违法犯罪举报奖励办法》规定，举报人举报公安机关尚未发现或掌握的毒品违法犯罪活动或线索，经查证属实，按照相关标准对举报人给予一次性奖励，最高可获得10万元。其中，举报制造、走私、贩卖、运输以及非法持有海洛因、冰毒、摇头丸、氯胺酮、鸦片、大麻、吗啡、可卡因、杜冷丁、咖啡因等毒品的，根据缴获毒品量进行奖励：50克以下，每案奖励1000 – 5000元；50 – 100克，每案奖励5000 – 30000元；1000克以上，每案奖励3 – 10万元。此外，本办法对举报吸毒、毒驾和非法走私、生产国家规定管制的易制毒化学品的，均根据具体情况给予相应奖励。

一、涉毒举报

常见的涉毒线索举报方式：

1. 网络举报。比如，公众可以通过登录"山东民生警务平台"（http：//www.sdmsjw.gov.cn）进行在线举报。

2. 电话举报。例如，可以拨打山东省公安厅禁毒总队涉毒举报电话（18615660626）进行电话举报，也可拨打各地市的涉毒举报电话。

涉毒举报电话：110

山东省内各地市涉毒举报电话

济南市公安局禁毒支队：0531-85083500　　青岛市公安局禁毒支队：0532-66573160
淄博市公安局禁毒支队：0533-2136611　　枣庄市公安局禁毒支队：0632-3658283
东营市公安局禁毒支队：0546-7957126　　烟台市公安局禁毒支队：0535-6297284
潍坊市公安局禁毒支队：0536-8783511　　济宁市公安局禁毒支队：18753766626
泰安市公安局禁毒支队：0538-8288101　　威海市公安局禁毒支队：0631-5192620
日照市公安局禁毒支队：0633-7997251　　莱芜市公安局禁毒支队：18963486598
临沂市公安局禁毒支队：0539-8037110　　德州市公安局禁毒支队：17605340266
聊城市公安局禁毒支队：0635-8467070　　滨州市公安局禁毒支队：0534-3301620
菏泽市公安局禁毒支队：0530-3332599　　滨海公安局禁毒支队：18205461217
齐都公安局刑警支队：0533-7562213　　银山公安局刑警支队：0634-6820110

3. 110 举报。我们可以直接拨打 110 电话向当地公安机关报警，也可以编辑短信发送至 12110 短信报警平台报警。

二、涉毒辨别

（一）吸毒人员的常见异常

● 生理异常

体重突然消瘦或增加，老化明显。

出现牙磨损、坏牙，眼睛布满血丝、瞳孔放大或缩小，腹泻、呕吐、恶心等症状。

皮肤上有小虫爬的假象而搔、抓，导致皮肤溃烂。

突然出现幻听、幻觉、妄想症状（特别是从娱乐场所出来后或服减肥药后）。

● 情绪异常

性格、情绪出现明显变化，如多疑、猜疑、暴躁等。

出现恐惧、焦虑、没有明显原因的偏执。

突如其来地愤怒，短时间内异常地情绪激动。

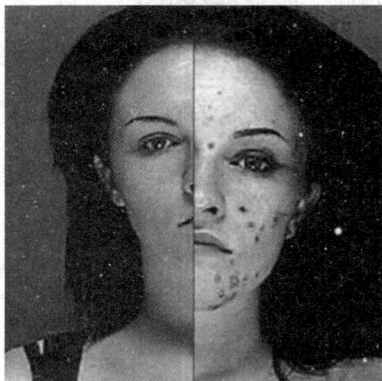

●行为异常

无故旷课、旷工，学习成绩、工作表现突然变差。

在家中或单位偷窃钱物，或突然频频地向父母亲友借钱。

近段时间出现雷同行为现象，即经常机械性地反复相似的动作。

（二）制毒工厂识别

原本偏僻、废弃的厂房重新开工，有 380 伏工业用电线路，场地外或出租屋顶有较大蓄水池，常用窗帘、报纸或砖头封堵、遮挡所有窗户，使用、安装监控摄像头，外围用铁丝网、看家犬来阻止陌生人进入。

雇佣少数工人且文化程度较低，管理、技术人员行为诡秘，严格限制外人进入；严格的封闭式生产，生产时断时续，而且往往选择在夜间或风雨天气开工；生产时排放红黄色或白色具有刺激性气味的烟尘，产生的烟雾较难散去（制造 K 粉的窝点没有刺激性气味），常常导致附近树木、杂草枯萎死亡；废水是带有泡沫的刺鼻白色黏稠状液体，导致附近鱼塘、河沟的鱼虾、家禽中毒死亡；排污严重，周围丢弃有大量盛装化学品的玻璃瓶、胶罐、包装物，影响居民正常生活，且对居民的投诉没有合理、具体说明，一旦外界反映严重会迅速转移。

制造冰毒的设备有反应罐、搅拌机、制冷设备、过滤罐、脱水机、加热装置、各类衡器（如天平、磅秤）、漏斗、不锈钢桶、玻璃器皿、钢罐等。制造摇头丸的工厂与此类似，不同之处在于一般还会有烘干箱、粉碎机、搅拌机、压片机、封口机、金属模具、钢筛等设备。生产、加工 K 粉的设备有：加热炉、粉碎机、搅拌机、微波炉、冰箱、封口机、衡器。

参考文献

1. 骆寒青：《毒品预防教程》，中国人民公安大学出版社 2011 年版。

2. 陈实、郭莉：《高校开展毒品预防教育有关问题的思考》，《管理观察》2008 年 17 期。

3. 张松、宋志浩、黄娜：《大学生安全意识的现状与思考》。

4. 潘治胜：《亲人说毒》，山东省鲁中强制隔离戒毒所 2014 年版。

5. 郭莲：《在家庭中开展毒品预防的必要性及可行性》，《云南警官学院学报》2012 年第 3 期。

6. 姬腊军：《戒毒人员吸毒成本调查报告》，《犯罪与改造研究》2016 年第 3 期。

7. 香港社会服务发展研究中心：《禁毒社会工作实务手册》。